어쩔 수 없이 허락했는데,
어느새 게임 중독!

어쩔 수 없이 허락했는데,
어느새 게임 중독!

아이 셋 아빠 김평범 지음

아들을 향한 부모의 모든 노력을
'제로'로 만드는 것, 게임

1 | 엄마는 아들에게 늘 책을 읽어줬다. 누워서 움직이지도 못하던 갓난아기 시절부터, 아장아장 걷기 시작하던 그때도, 어린이집 그리고 초등학교에 들어갔을 때도 목이 쉴 때까지 아이를 껴안고 좋은 이야기를 많이 들려줬다. 하지만 모든 게 허사였다. 초등학교 5학년 아들이 게임을 하는 걸 보고도 무심코 지나치면서부터.

2 | 아빠는 아들을 끔찍이 자랑스러워했다. 아들에게만큼은 최고의 것을 주고 싶었다. 한 끼에 십수만 원에 이르는 호텔 중식당도, 한 번에 수백만 원이 드는 해외여행도, 아들

의 투명한 눈웃음을 볼 수만 있다면 모두 괜찮았다. 그런데 모든 게 끝났다. 초등학교 5학년 아들에게 스마트폰을 선뜻 사준 그 순간부터.

3│ 엄마와 아빠는 대화법 책을 읽으며 멋진 아들로 키우기 위한 지식과 키워드들을 열심히 수집했다. 소위 '스타 강사'라는 사람들이 말하는 자녀와 좋은 관계를 유지하는 말하기 기술이나, 최고의 소아정신과 의사가 말해주는 최고의 육아법 등을 눈을 부릅뜨고 찾아서 서로 공부하며 우리 아이에게 적용해보려고 발버둥을 쳤다. 그러나 모두 쓸모없었다. 아들이 스마트폰으로 게임을 하게 된 시점부터.

4│ '게임 하는 것도 한때다.' 지나고 보니 이 말이 아예 틀린 건 아니었다. 고등학교 1학년이 된 아들은 지금 게임 보기를 소 닭 보듯이 한다. 겉으로는 아무렇지도 않아 보인다. 하지만 게임으로 인해 생긴 깊고 날카로운 마음의 생채기는 아들, 엄마, 아빠 그리고 동생들에게도 트라우마로 남았다.

5 │ 초등학교 5학년부터 중학교 2학년 때까지, 4년 동안의 시간은 이제 과거로 흘러, 지금 겉으로는 평범하고 평화로워 보인다. 그러나 한창 지식과 지혜를 쌓기 위해 노력해야 하는 바로 그 시간을 게임의 늪에서 허우적댄 대가는 지금도 형벌처럼 고1 아들에게, 그리고 아빠와 엄마에게 남아 있다. (다행히 첫째 덕에 둘째와 셋째는 귀한 시간을 낭비하지 않았다.) 이제 그 시간을 이야기해보고자 한다. 나 같은 실수를 반복하는 부모가 없기를 바라면서.

게임으로 잃었던 아들을 되찾는 과정에서 느꼈던
고통과 슬픔을 되돌아보면서
아이 셋 아빠 김평범

차례

프롤로그 아이를 향한 부모의 모든 노력을 '제로'로 만드는 것, 게임 005

게임중독 진단을 위한 셀프 체크 10문항 010

PART 1

초5 아이가 새벽 4시 30분에 깨어났던 이유

아들을 잃다

전쟁의 서막 014 • 내가 알던 아들은 어디로 018 • 잠깐의 휴식과 내가 바꾼 것 025 • 앵그리 버드와 버블버블의 다른 점 031 • 2G폰에서 타협하지 말걸 036 • 비극의 시작 040 • 게임이 아들을 지배하는 방식 045 • 얼마나 더 실망할 수 있을까 050 • 바스라진 믿음, 견고한 장치 057 • 게임 머니 062 • 게임의 폐해 1: 거짓말이 습관이 되다 066 • 게임의 폐해 2: 아들이 쓰는 말이 달라졌다 070 • 친구들도 다 하는데 074 • 가벼운 게임은 괜찮지 않을까 078 • 아이의 시간은 어른의 시간과 다르다 082

PART 2

게임 회사는 그 가면을 벗어라

진짜 나쁜 자들의 변명

게임 회사 = 가정파괴범 090 • 게임을 바라보는 네 가지 유형 093 • 요즘 아이들이 꿈꾸는 직업은 097 • 혹시 게임 회사에 입사할 수 있을까 102 • 게임이 산업이라고? 106 • 도박보다 더 위협적인 가족해체의 주범 111 • 게임 회사 사장 자녀도 게임을 할까 116 • 나쁜 약은 달콤하다 120 • 퀘스트라는 끝없는 늪 126 • 사육되는 아이들 130 • 게임 회사가 유저에게 원하는 것 134 • 아이들에게는 죄가 없다 140

PART 3

일생에 한 번, 반드시 이겨야 할 싸움이 있다

게임 전쟁에서 승리하는 법

'달'이 필요한 시간 146 • 필요조건 1: 아이가 스스로와의 싸움이라는 걸 깨닫는다 149 • 필요조건 2: 부모의 역할을 확실히 인지한다 153 • 나는 아들을 게임 중독에서 구할 수 있는 부모인가? – 셀프 체크 10문항 156 • 주의할 점 1: 게임 중독 징후, 초기에 알아보는 법 158 • 주의할 점 2: 사춘기랑 헷갈리지 말자 162 • 주의할 점 3: 게임에 중독되는 시간, '찰나' 165 • 부모의 착각 1: 게라밸이 가능하지 않을까? 170 • 부모의 착각 2: 부모가 잘만 하면 게임을 조절할 수 있다 177 • 부모의 착각 3: 게임이랑 공부, 둘 다 잘할 수 있다? 182 • 길을 찾아보다 1: 게임 중독을 이겨낸 형들을 찾아서 186 • 길을 찾아보다 2: 살다 살다 논문까지 읽게 될 줄은 몰랐다 190 • 솔루션 1: 매일보다는 매주가 낫고, 매주보다는 매달이 낫다 197 • 솔루션 2: 스마트폰, 풀어주되 확인한다 200 • 솔루션 3: 아이가 뭘 하고 있는지 정도는 알고 있어야 한다 204 • 솔루션 4: 사생활의 자유가 게임의 자유가 되어선 안 된다 208 • 무엇이 필요할까 1: 포기하지 않는 것 211 • 무엇이 필요할까 2: 낭비한 시간은 돌아오지 않는다 215 • 무엇이 필요할까 3: 부모의 관심이 아이를 구한다 218 • 게임 중독에서 탈출하기 위한 요건 3 223 • 부모로서 잘한 것 1: 믿음 228 • 부모로서 잘한 것 2: 지켜보기 231 • 부모로서 잘한 것 3: 꿈을 찾기 235

PART 4

게임을 혐오하는 건 그 자체로 '선善'이다

게임 중독 예방법

하류 인생으로 향하는 아이의 모습을 보기 싫다면 240 • 오감을 자극하지만 서서히 무감각해지는 곳 243 • 만일 내가 다시 아들을 키운다면 247 • 자신의 몸을 쇠사슬로 의자에 묶는 마음으로 251 • 아예 노트북이 낫다. 대신에… 255 • 영어 단어를 꼭 게임으로 외워야 할까? 258

에필로그 아들이 돌아왔다 262

게임 중독 진단을 위한 셀프 체크 10문항

대상 : 초등학교 3학년 ~ 중학교 2학년

'나'에 해당하면 ○표, 해당하지 않으면 ×표를 한다.

01 │ 게임을 하는 시간에 대해 부모님에게 거짓말한다.　　　〔　〕

02 │ 게임을 하는 나를 생각하면 불안해진다.　　　〔　〕

03 │ 게임으로 인해 잠자는 시간의 패턴이 변했다.　　　〔　〕

04 │ 게임을 30분 이내에 끝내지 못한다.　　　〔　〕

05 │ 게임을 하는 것이 꼭 나쁜 것은 아니라고
　　　부모님에게 말한다.　　　〔　〕

06 │ 스트레스를 푸는 방법으로 게임만큼 좋은 수단이 없다고
　　　생각한다.　　　〔　〕

07 │ 게임과 관련된 웹사이트를 검색한다.　　　〔　〕

08 │ 게임과 관련된 유튜브 게시물을 찾아본다.　　　〔　〕

09 │ 게임 레벨을 높이기 위해 돈으로 아이템을 산다.　　　〔　〕

10 │ 공부만 잘하면 몇 시간씩 게임을 해도 문제가 없다고
　　　생각한다.　　　〔　〕

※ 게임 중독 진단 결과

○ 0~2개: 게임 중독과 무관함

○ 3~5개: 게임 중독 주의

○ 6~8개: 게임 중독 진행

○ 9개 이상: 게임 중독 치료 필요

* 본 체크리스트는 의학적 소견이 아닙니다. 상담이 필요하다고 생각되는 경우 전문의를 찾아가시기 바랍니다.

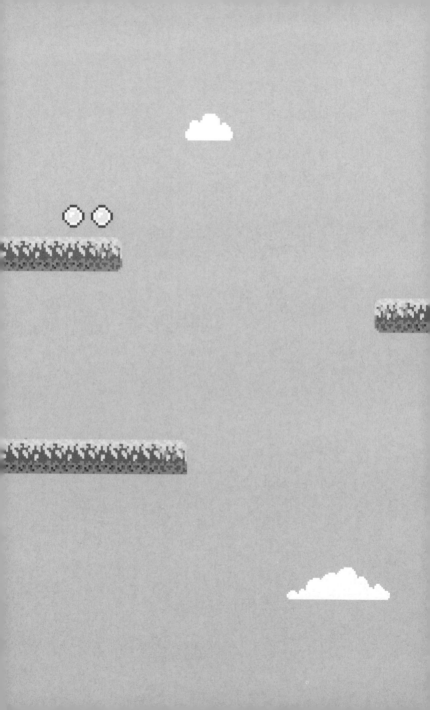

PART 1

초5 아이가 새벽 4시 30분에
깨어났던 이유

아들을 잃다

전쟁의 서막

캄캄한 어둠 어딘가에서 소리가 들렸다. 시간이 가늠되질 않았다.

'뭐지?'

보안이 잘된, 괜찮은 아파트에 산다지만 불현듯 들려오는 낯선 소리는 어쩐지 불안했다. 발소리는 거실 어딘가를 향하고 있었는데 극도로 절제되어 있어서 더 신경이 쓰였다. 잠시 후 그 소리는 거실 화장실 문을 살며시 열고 다시 닫는 소리로 이어졌다. '아, 아들이구나. 화장실이 급했나 보다. 밤에 물을 많이 마셨나. 첫째일까, 둘째일까…' 이런 생각을 하며 눈을 감았고 이내 잠이 들었다.

며칠이 지났다. 익숙한, 하지만 여전히 어색한 어둠 속 걸음걸이가 느껴졌다. 극히 조심스러운 발걸음은 지난번과 마찬가지로 화장실로 이어졌다. 눈이 떠졌다. '과자를 너무 많이 먹어서 그런 걸까. 그래서 밤에 과자 먹지 말라고 했는데…'

몸을 일으켰다. 나에겐 사랑스러운 아이가 세 명 있다. 그 당시 첫째 아들은 초등학교 5학년, 둘째 아들은 초등학교 4학년, 그리고 막내딸이 초등학교 1학년이었다. 조용히 화장실 문을 두드렸다.

"…네?"

첫째 아들이었다.

"뭐하니?"

"배 아파서요."

"밤에 과자 많이 먹지 말라니까."

"네."

그리고 또 며칠이 지났다. 이번에는 동트기 직전이었다. 조심스레 화장실 문을 열고 들어가는 발걸음 소리가 또 들렸다. 초등학교 5학년 첫째 아들이었다. 눈이 번쩍 떠졌다. 이번에는 투명 인간처럼 아들이 나올 때까지 화장실 앞에서 기다리기로 했다. 10분, 20분, 30분… 창가에 밝은 빛이 보이기 시작했다. 좀 있으면 나도 일터로 나갈 준비를 해야 할 시간이었다. 화장실 문을 노크했다.

"뭐하니?"

"배가 아파요."

"문, 열어볼래?"

"어어… 네?"

어색한 표정을 지으며 아들은 당황한 듯 화장실 문을 열고 나왔다. 눈도 마주치지 않고 자기 방으로 서둘러 들어가려는 아들을 불러세웠다.

"미안한데 잠시만."

아들에게 양해를 구하고 잠옷을 뒤졌다. 두 달 전에 사준 스마트폰이 잠옷에서 발견됐다. 뜨겁게 달궈진 채로.

내가 알던 아들은
어디로

남편이 되는 순간, 기쁘고 좋았다. 아빠가 되는 순간은? 아내에게 미안하지만 기쁘고 좋았다는 단어만으로는 표현할 수 없었다. 세상 모든 걸 가진 느낌이었으니까.

결혼하기 전에는, 아니 첫째 아들이 생기기 전에는 '내가' 행복하고, '내가' 즐겁고, '내가' 재밌으면 됐다. 하지만 아들 둘, 그리고 막내딸까지, 아이가 셋이 생기자 나는 변했다. 아이들 덕분에 나는 어른이 되었다. 내가 하는 모든 일의 결정과 평가는 아이들의 행복에 얼마나 도움이 되었는지로 정해졌다. 우리 아이들이 건강하고 건전하고, 거기에 공부까지 잘하는 아이들이 되기를 꿈꿨다.

아이들을 끔찍이 사랑하는 아내는 험난한 전업주부의 길을 택했다. 나는 '외벌이'를 받아들였다. 외벌이로 다섯 명이 살자니 야근, 특근은 예사였고 각종 투자와 투잡도 마다할 수 없었다. 아내는 아이들 육아와 교육, 나는 돈을 벌어오는 것으로 자연스레 분업이 됐다.

아내는 최고의 교육환경을 아이들에게 주고 싶어 했다. 어린이집에 다닐 때는 좋은 어린이집 옆으로, 초등학교 다닐 때는 좋은 초등학교 옆으로 이사를 했다. 마침 운 좋게도 매수했던 비상장 주식이 상장되면서 얻게 된 이익금은 오로지 아이들을 먹이고 입히고 키우는 데 투자됐다.

그래도 뭔가 부족함이 느껴졌다. 맹모삼천지교라 하지 않았던가. 꽤 일찍 부동산에 눈뜬 아내 덕에 요즘 말로 일찌감치 '영끌'을 해 반포에 입성했다. 매월 내야 하는 '원리금균등분할상환액'은 외벌이 처지로는 감당이 버거웠지만 아이들이 집을 나서서 학교까지 가는 길에 아무런 위해 요소가 없다는 것, 주변에 수준 높은 교육 기관이 많다는 것만으로도 대출금을 갚을 용기가 생겼다.

아이들이 커가면서 경쟁이 격화되었다. 아내는 극심한 퇴근길 교통체증을 뚫고 첫째와 둘째를 데리고 대치동으로 '라이딩'하느라 하루를 보냈다. 아이를 좋은 대학을 보낸 엄마들을 만나 정보를 캐고, 좋은 그룹의 과외에 아이를 들여보내기 위해 공부 잘하는 아이 엄마들에게 커피를 사고, 점심을 사며 사회성을 끌어모아 '아양'을 떨었다. 물론 그 시간에 나는 회사에서 쫓겨나지 않으려고 윗사람에게 '재롱'을 떨었고.

괜찮았다. 스트레스로 인한 우울의 늪에서 허둥대며 하루하루를 겨우 수습하며 사는 처지였지만, 퇴근 후 집에 들어가면 깨어 있는 아이들보다 잠들어 있는 아이들을 볼 때가 더 많았지만, 곤히 자는 아이들의 볼에 뽀뽀하는 순간이 있었기에 모든 시간을 견딜 수 있었다. 하루하루 부쩍 크는 아이들을 보면서 말 못 할 만큼 큰 행복감을 느꼈다. 그것이 내가 살아가는 이유였다. 그런데 게임이 아빠와 엄마가 했던 그간의 노력을 아무것도 아닌 것으로 만들려고 했다. 모든 게 무너지려 했다.

처음엔 현실을 부인했다.

'내 아들이 설마…'

한참 잠이 많은 열 살 아들이 몰래 게임을 하려고 새벽에 일어나 살금살금 화장실에 들어가 양변기에 쪼그리고 앉아 한두 시간씩 보내고 있었다니! 상상할 수 없는 일이 일어나고 있었다. 황당함은 분노로, 분노는 실망으로 이어졌다. '철석같이 믿었던', 아니 '믿고 싶었던' 아들에 대한 나의 희망이 무너지는 소리를 마음 저 깊은 곳에서 듣게 되었을 때 나는 정신을 차릴 수 없었다.

그래도 최대한 침착하려 했다. '그럴 수도 있지'라고 생각하고 쿨하게 넘기고 싶었다. 그럴 만한 일이라고 생각했다. 나도 어렸을 적엔 아케이드 게임을 하지 않았던가. 그뿐인가. 직장인이 돼서도 일이 잘 풀리지 않을 때면 회사 화장실에 숨어서 20분이고 30분이고 한게임 고스톱을 친 적도 있었다.

하지만 자꾸 치밀어오르는 화를 참을 수 없었다. 이성은 아들을 이해하라고 했지만, 감정은 아들을 이해할 준비가 되어있지 않았다.

'그래도 나는 어렸을 때 20~30분만 하다가 집에 갔었어.'

'고스톱이야 이미 내가 직업을 갖고 돈벌이를 하고 있을 때잖아!'

아빠가 바라보는 아들의 게임에 대한 관점은 이랬다.

'게임? 그래 좋다. 하지만 게임을 즐기는 방식은 내가 경험한 그것과 비슷하거나 덜해야 하지 않을까. 게임을 하더라도 학교를 마치고 집에 오다 문구점 앞에 있는 작은 게임기 앞에 쪼그려 앉아 자동차 경주 한 판, 인베이더 한 판 하고 끝내는 것처럼 잠시의 놀이여야 하지 않을까!'

이 정도가 아빠인 내가 아들에게 허용할 수 있는 게임의 최대치였다. 게임에 빠져서 헤어 나오지 못하다니, 그게 내 아들이라니!

하지만 아들은 아빠의 바람을 저버리고 있었다. 실제적인, 얼굴을 마주 보며 의사소통을 하는 현실 세계를 벗어나 온라인 속 디지털 캐릭터들과 대화를 나누는 데 더 익숙했다.

현실에서 자신의 자리를 찾기보다 또 다른 세계인 게임의 공간에서 자기를 찾으려 했다. 게임이 자신을 소유하도록 내버려뒀다. 아들은 게임의 노예가 되기를 기꺼이 받아들이는 중이었다.

뛰어난 학생이 되도록 압박을 받고, 부모로부터 받는 기대가 버거워서 일종의 '도피처'로서 게임을 선택한 것일까. 답답했다. 나비가 거미줄을 스칠 때 같은 그 접촉 한 번으로 아들이 이렇게 된 것이 한탄스러웠다.

사실 첫째 아들은 초등학교 5학년 때까지만 해도 '자랑스러운 내 새끼'였다. 친구들에게 인기도 많았고, 엄마 아빠 말도 잘 듣고, 게다가 학교 성적도, 담임 선생님의 평가도 좋았다. 그랬던 첫째가 게임을 접하게 된 후 마치 자신의 재능과 미래의 꿈을 닫은 듯이 행동했다. 밝았던 얼굴은 어두워졌고(게임 속 세상에서는 한없이 밝았을지도 모르겠지만) 학업 성적은 떨어졌다.

이상한 일은 또 있었다. 학교에서 돌아온 뒤 아들은 틈만 나면 낮잠을 자기 일쑤였다.

'키가 크려고 하나?'

엄마, 아빠의 순진한 기대는 모두가 잠든 새벽 시간에

게임을 하기 위한 준비였던 것으로 드러나면서 박살이 났다. 친구들과 학교 운동장에서 땀 흘리며 뛰놀던 아들의 모습은 찾아보기 힘들었고, 부족한 공부를 보충하기 위해 가는 학원에서는 늘 '과제 소홀'이라는 문자메시지를 엄마에게 보내왔다.

게임 때문에 일상을 한순간 엉망으로 만든 아들이 곱게 보일 리 없었다. 그때 나는 속된 말로 '눈이 뒤집혔다.' '너 죽고, 나 죽자' 이 생각밖에 들지 않았다. 그깟 게임은 잠깐씩 하고 말아야 했다. 게임 중독은 남의 이야기여야 했다. 하지만 아들은 언제부터인가 아침에 잘 일어나지 못했고, 일어나도 퀭한 눈으로 굼뜨게 움직였다. 냄새 나는 화장실에서 엄마 아빠 몰래 스마트폰으로 게임을 하느라.

게임이 아들, 아니 우리 가족 구성원 모두가 해결해야 할 과제로 넘어온 순간이었다. 서로 사랑만 하기에도 시간이 부족한 판에.

잠깐의 휴식과
내가 바꾼 것

언제부터였을까? 돌이켜보면 모두 내 탓이었다. '디지털 진정제'로 태블릿을, 스마트폰을 그리고 게임을 활용했던 아빠의 무지함이 문제였다. 아이를 조용히 시키고 싶었다. 카페에 가서 커피 한 잔을 할 때, 가만있지 않고 소란스럽게 구는 내 아이들 때문에 주변 사람이 피해를 보는 게 싫었다. 아니 솔직히 말하면 시선을 받는 게 싫었다. 애 하나 제대로 관리 못 하는 '맘충' 아니, 나는 아빠니까 '대디충'이라고 해야 하나, 어쨌거나 그렇게 취급받고 싶지 않았다.

우리 아이는 달랐으면 싶었다. 쟁반에 음식을 한가득 나르는 점원들 사이로 아슬아슬하게 뛰어다니는 다른 집 아이들을 보면서 나는 혀를 차곤 했다. '저러다 부딪혀서 국물 뒤집어쓰고 화상이라도 입으면 그때야 통곡하지'라며 경멸했다. 아이들을 얌전하게 만드는 방법이 얼마나 간단한데. 아이패드 하나면 충분했다. 그때가 첫째 아들 초등학교 1학년 때쯤이었다.

아이패드를 샀다. 처음에는 내가 사용할 목적이었다. 하지만 사고 보니 별로 쓸 데가 없었다. 고작 영화나 다운로드 받아서 보는 게 전부였으니까. 중고나라에 팔아버릴까 하다가 머리에 반짝하고 떠오르는 아이디어가 있었다. 아이패드가 아이들의 에너지를 잠시 잔잔하게 만드는 데 특효일 거라는 생각이 들었다.

그 생각은 적중했다. 아이들이 조용해졌다. 순식간에. 아이패드를 아들에게 주고 갖고 놀게 하면서부터 내 시간에 여유가 생겼다. 자극적인 콘텐츠도 아니었다. 아이들이 보는 〈뽀로로〉나 〈토마스와 친구들〉 동영상을 내려받았다가 '나만의 휴식'이 필요할 때 아이들에게 보여주면, 아빠인 나는 어른인 나로서의 온전한 시간을 즐길 수 있었다.

평소라면 5분도 가만있지 못하는 아이들이 아이패드, 그 작은 화면에 집중하며 30분 이상을 거뜬히 버텨내는 걸 발견했다. 나는 '유레카'를 외쳤다. 아빠가 찾아낸 최고의 '베이비시터'는 아이패드, 바로 그것이었다.

아이패드로 영상을 보면서 흥미로워하고 즐거워했던 아이들의 표정이 지금도 기억에 생생하다. 어리석게도 나는 그 모습을 보고 흐뭇해했다. 지금에야 가슴을 치고 후회하지만. 아들을 조용히 시키겠다는 의도로 건네준 아이패드는 아이들을 억지로 디지털기기와 친숙하게 만든 것임을, 그것이 '게임 중독'의 시작점이었던 것을 그때는 몰랐다. 그저 놀이라고 생각하면서 아이패드를 아이에게 준 아빠의 착각이 아들의 삶에 어떠한 피해를 불러올지 전혀 상상하질 못했다.

　나는 세상에서 가장 어리석은 아빠였다. 부끄럽게도 나는 아이패드로 영상만 보여준 게 아니었다. 아이들이 영상에 빠져들곤 하던 그 시기에 세계적인 게임 하나가 출시되었다. 이름은 '앵그리버드'. 특별한 게임도 아니었다. 새총으로 새를 날려 돼지들을 물리치는 단순하고 귀여운 슈팅 게임이었다. 텍스트는 거의 없는 그래픽 위주의 플레이, 재미있고 귀여운 캐릭터, 간단한 조작, 클리어는 쉽지만 정복하는 건 적당히 어려운 게임이었다.

　나는 이 게임을 아이패드에 깔았다. 당시 초등학교 저학년이던 첫째 아들과 유치원생이던 둘째 아들 그리고 어린이집에 다니던 막내딸까지…. 아이들은 열광했다. 뭐가 그리 재밌는지 자기들끼리 머리를 맞대고 깔깔거리며 매달렸다. 아빠인 내가 볼 때 위험한, 게임 중독을 일으킬 만한 게임은 결코 아니었다. 어렸을 때 내가 하던 '인베이더'라는 게임과 다를 바가 없었으니까.

　실제로 아이들은 20~30분 정도 놀면 지치곤 했다. 그러다 생각나면 다시 하고. 딱 그 정도였다. 그런데 나는 몰랐다. 그렇게 아이들이 게임 속 세계에 친숙해지고 있었다는 것을. 당시 초등학교 1학년이던 아들은, 고1이 된 지금도 앵그리버드를 하던 그 시간의 짜릿함을 이야기했다.

"게임에 처음 빠진 건 앵그리버드였어요. 아빠가 아이패드에 깔아주셨던 그 게임이요. 그리고 그 다음에는 아이패드로 레고 게임 같은 것도 했어요. 나중에는 붐비치, 클래쉬로얄, 스페셜솔저, 배틀그라운드 그런 여러 게임을 했는데, 역시 가장 빠져서 했던 게임은 '앵그리버드'죠."

'통탄'이라는 단어는 이럴 때 사용하라고 있는 것 아닐까. 나의 무지함을 지금까지도 통탄한다. 아들을 가만히 있게하고 싶어서 게임을 권했다니… 아빠를 대신해 아들에게 게임을 붙여두다니…. 돌이킬 수 없이 명백한 내 실수였다. 내가 '아들의 게임 중독'을 허락한 것이다. 꼴랑 나만의 시간 몇분 가지려고 아들의 영혼을 희생시켰다. 아들은 그때부터 게임을 하고 싶어 부모와 슬그머니 멀어졌고, 언제 들킬지 몰라불안해 했으며, 공부는 뒷전으로 미뤘다.

앵그리버드를 통해 아들은 게임 설계자들이 마련해둔재미와 보상의 체계에 익숙해지게 되었다. 부모의 지시와 결정에 따라야 하던 아이는, 게임 세상에서만큼은 스스로 주인공이 되어 결과를 통제할 수 있었다. 그리 어렵지 않은 조작

으로, 만만치 않은 도전들을 '석세스 success'해가면서 게임의
매력에 빠져들게 되었다. 이 모든 것은 아빠가 필요 없다고
쉽게 건네준 아이패드, 친절하게 내가 설치까지 해준 앵그리
버드에서 시작됐다.

앵그리버드와
버블버블의 다른 점

게임은 사람의 심리를 극한으로 몰고 가서 재미를 선사해준다. 처음에는 쉽고 단순하고 별로 위험해 보이지 않는 수준에서 시작한다. 하지만 막상 게임에 발을 들이면 결국 어느 순간에는 고도로 전략화된 게임에 빠져들게 된다.

'앵그리버드' 역시 만만한 게임이 아니었다. 핀란드의 작은 개발사 로비오 엔터테인먼트는 이 게임으로 전 세계 모바일 게임 시장의 흐름을 바꾸었다. 내 아들을 게임 중독자로 첫발을 들이게 했고 말이다. 극히 쉬운 레벨에서 시작해 가면 갈수록 복잡해지는 과제를 풀어가는 과정은 아들로 하여금 전능감을 느끼게 했다. 게다가 경쾌한 효과음과 타격감은 아들의 뇌를 자극했다.

최신 게임에 대한 이해가 부족한 아빠의 방심이 불러온 참사였다. 중년인 나는 최신 게임들을 고작해야 '버블버블', '갤러그', '1945' 등 40대 이상 남자들이라면 익히 알 만한 추억의 게임 정도로만 생각했다. 동전을 넣으면 가장 낮은 난이도부터 시작해서 점차 난이도가 높아지다가 마지막 판을 깨면 크레딧이 올라가고 끝나는 게임 말이다.

기껏해야 오락실이나 문방구 앞에 쪼그려 앉아 그런 게임들을 했던 나로서는 그보다 훨씬 단순한 게임에 아들이 중독될 거라곤 생각하지 못했다. 요즘 게임은 끝 판이 없도록 계속해서 업데이트한다는 것을, 갖은 방법을 써서 더 재밌게, 더 몰두하게 만든다는 것을 생각 못 했다. 몰랐으면 겸손하기라도 해야 하는데 모르면서 건방지기까지 했다.

'괜찮을 거야. 내 아들은 다른 애들이랑 다를 거야.'

변명하자면 나는 첫째 아들을 그 무엇과도 바꿀 수 없는, 교환가치 무한대의 존재로 바라봤기 때문에 더욱 방심했다. 아들에 대한 철석같은 믿음(을 가장한 착각)이 '내 아들은 아닐 거야. 설마…'라는 생각을 하게 만든 것이다. 아들을 보는 나의 시선이 흐렸던 까닭이다. 또한 아들이 순수하게 즐거워하는 모습이 보기 좋았다. 나를 빼닮은 아들에게 약할 수밖에 없는, 일종의 약자인 아빠의 위치 역시 아들이 게임과 친해지는 데 일조했다.

돌이켜보면 너무나 안타깝다. 초등학생, 길어야 중학교 1, 2학년까지 아이들이 부모를 따르는데, '그때 더 데리고 다닐걸' 하고 후회가 됐다. 그렇다고 애들을 데리고 다니지 않은 건 아니다. 놀이공원이며 테마파크, 온갖 유명하다는 여행지를 열심히 데리고 다녔다. 아이가 셋이라 집에 있는 게 더 힘들었던 게 이유이기도 했다. 그러나 매 주말 나갈 수는 없었다.

집에 있는 하루이틀, 외식하러 간 한두 시간도 아이들은 심심하다고 보채기 일쑤였다. 아이들에게 다급히 아이패드와 스마트폰을 쥐어주며 '급조한 평화'를 만들어냈다. 아이들은 조용해졌고 우리는 편안했다. 잠시의 아들 돌봄 노동 해방의 결과가 이렇게 될지 알았다면 절대 안 했을 행동들이다.

거기다 '나도 어렸을 적엔 한 게임 했었는데 지금은 괜찮잖아?'라는 막연한 자기 위로가 아들을 방치하게 만들었다. 오락실에 가서 차례를 기다렸다가 게임기 앞에 앉을 수 있는, 한 판 질 때마다 동전을 새로 넣어야 하는 버블버블과 24시간 언제든 로그인할 수 있는 앵그리버드는 그 성격이 전혀 달랐음에도 말이다.

게임 중독으로 가는 길을 내 손으로 열어주는 것도 모자라, 고난도 스테이지는 대신 내가 클리어까지 해주었으니 지금 생각 해봐도 참으로 한심하다. '자녀와 잘 놀아주는 자상한 요즘 아빠'라고 착각까지 했으니 심히 부끄러울 정도다.

앵그리버드 같은 게임, '딱 거기에서만' 내 아들이 게임을 한다면 솔직히 그정도는 이해할 수 있다. 하지만 게임 회사들은 아들을 앵그리버드에만 머무르게 놔두질 않았다. 귀여운 캐릭터 가득한 앵그리버드에서 타격감과 손맛을 본 아들은 좀 더 강렬한, 좀 더 화려한, 좀 더 재밌는, 그래서 끝없이 시간을 소비하게 만드는 또 다른 게임으로 향하고 있었다. 아이는 게임이 주는 강렬한 자극에 빨려들어가고 있었다. 반면 게임 이외의 것에는 무감각해지기 시작했다. 그걸 깨닫지 못했다. 무지의 대가는 엄중했다.

2G폰에서
타협하지 말걸

아이패드와 앵그리버드, 딱 그때 알아차려야 했다. 아이들이 그 세계에 완전히 빠져 있다는 것을. 그런데 나는 안이 했다. 참고로 처음으로 아들이 '개인 폰'이라는 것을 사용하게 된 건 초등학교 3학년 때였다. 지금에 와서야 아들은 이때를 다음과 같이 썼다.

초등학교 3학년, 내 기억으로는 이때 처음 나만의 폰이 생겼다. 폴더폰 말이다. 애들하고 연락하고 소소한 미니게임도 하고. 특히 음악을 들을 수 있어서 정말 좋았다.

이 핸드폰은 아이가 학원을 여러 군데 다니기 시작하면서부터 아들과 연락해야 하는 엄마의 필요 때문에 쥐어준 거였다. 사실 그전에도 연락할 방법이 없었던 것은 아니었다. 손목에 차는 시계 타입의 키즈폰을 가지고 다녔으니까. 단, 그 휴대전화는 오직 전화를 걸고 전화를 받는 기능밖에 없었다. 열 살 무렵이 되자 아들은 그 폰을 부끄러워했다. 열 살이나 된 아이에게 '뽀로로'가 그려진 폰은 내가 봐도 너무하다고 생각했다. 그래서 고심 끝에 사준 게 2G 폴더폰이었다. 아들은 친구들과 문자를 보내기 시작했다. 문자를 주고받으면서 친구들과 놀이터 약속도 정하고, 나름대로 소통의 영역을 확대해나갔다. 물론 폴더폰에 있는 소소한 미니게임도 종종 했지만 일상을 방해할 정도는 아니었다.

그러나 당연히 아들은 2G폰에서 만족하지 못했다. 스마트폰으로 가야 하는 이유를 끝도 없이 나열했다.

- 2G폰은 카메라 기능이 별로다.
- 2G폰으로는 문자메시지 한도를 초과해 요금이 많이 나온다.
- 2G폰을 꺼내면 창피하다.
- 2G폰으로는 단톡방에 참여할 수 없고, 네이버 밴드도 접속할 수 없다.

게임 중독에 빠졌던 아들과의 게임 전쟁을 성공적으로 수행한 아빠로서 위와 같은 주장 혹은 협박(!)에 시달리는 부모님들에게 이렇게 조언하고 싶다.

- 카메라를 사준다.

- 문자메시지 요금 정도는 얼마든지 낸다.(단, 문자메시지 과다 사용의 사유는 확인한다)
- 대신에 좋은 신발과 옷을 사준다.
- 아빠의 노트북을 사용한다.(필요하면 아들용 노트북을 사면 된다)

아이들은 스마트폰을 사야 하는 이유를 수없이 댈 것이다. 그중에 가장 마음을 약하게 만드는 말은 '친구들은 다 가지고 있는데…' '나만 대화에 못 끼고…' 같은 말이다. 그 말에 넘어가는 순간? 끝이다. 게임 중독을 허용하는 것이나 마찬가지다. 한 살이라도 아들이 어릴 때, 그래도 부모 말을 '들을 생각이라도 있을 때' 아들과의 게임 전쟁을 끝내야 한다.

과격하게 말해본다면 중학생이 되어서도 – 설마 고등학생이 되어서도? – 스마트폰 혹은 게임 때문에 부모와 자녀가 티격태격하고 있다면, '일반적으로' 그 아이는 공부가 아닌 다른 쪽으로 진로를 결정하는 게 맞다. 아이들에게는 자기를 발견하고 성장시켜야 하는 시절이 필요하다. 가장 빠르게 변하기도 하고 가능성도 많은 그 시절에 게임이나 하며 시간을 허비하는 사람에게 세상은 자비를 베풀지 않는다.

비극의 시작

첫째가 초등학교 5학년이 되자 친구들과 이야기할 거리가 많아졌다. 2G폰을 가지고 있던 아들의 소통 수단은 문자메시지였다. 핸드폰 이용료를 내주는 엄마와 첫째 사이에 갈등이 생겼다. 친구들과 문자를 많이 주고받다 보니 한 달에 문자메시지 요금만 4~5만 원이 훌쩍 넘어가기도 했으니 말이다.

2G폰은 요금제가 '별로'였다. 스마트폰에서는 당연한 무제한 문자메시지 요금제가 없다. '이럴 바에야 그냥 스마트폰을 사주는 게 낫지 않나?'라는 부모의 마음을 노린 게 아닐까? 어쩔 수 없이 스마트폰을 살 수밖에 없도록 말이다.

마침 애플과 삼성의 경쟁이 치열해지면서 최신형 스마트폰을 사라고 각각의 대리점에서 파격적인 할인과 요금제로 유혹하던 참이었다.

'스마트폰을 사주면 공부를 소홀히 하지 않을까?'

걱정이 되긴 했지만 그것도 잠시, 한 달에 2~3만 원 덜 내도 되는 문자메시지 무제한 스마트폰 요금제가 나를 유혹했다. 1년이면 30여만 원이다. 걱정이 되긴 했지만 '그래! 똑똑하고 착실한 내 아들이 스마트폰 하나 통제하지 못할까?'라는 합리화가 마음 한구석에 피어나고 있던 참이었다.

어느 여름날이었다. 평화로워야 할 일요일 아침부터 엄

마와 아들은 문자메시지 요금 문제를 두고 싸우고 있었다. 문제 해결에만 집중하는 '나다움'이 폭발했다. 아들을 향해 큰소리를 쳤다.

"옷 입어!"

아들을 차에 태우고 아무 말 없이 이동통신 대리점으로 갔다. 쭈뼛거리고 있는 아들에게 말했다.

"하나 골라 봐."

초등학생이 쓰기에 적당한, 중저가의 최신 스마트폰을 추천받았다. 요금도 합리적이었다. 고민도 없이 즉시 계약했다. 새 스마트폰으로 처음 한 건, 아들 사진을 찍은 것이었다. 어렸을 때, 한창 해맑고 예쁠 때 보여줬던 그 미소가 사진 속에 있었다. 행복과 기쁨으로 입꼬리가 볼까지 올라간, 아빠가 원하는 아들의 모습.

하지만 몰랐다. 아들에겐 '폴더폰'으로 해결되지 않는 뭔가가 있었다는 걸. 문자메시지는 핑계일 뿐이었다. 그게 바로 모바일 게임이었다. 아들은 이렇게 적었다.

폴더폰 한 달 요금이 10만 원 가까이 나오면서 엄마
한테 계속 혼나다가 스마트폰으로 바꾸게 되었다.

그 이전에도 엄마 아빠에게 편지를 써서 게임 같은
건 절대 안 할 테니 스마트폰을 사달라고 계속 졸랐
는데, 드디어 스마트폰을 얻게 된 것이다.

돌이켜보면 내 인생에 없었으면 하는 순간들이 있다. 행
정고시 2차에 낙방한 것을 알게 된 그 순간, 믿었던 사람에게
배신당했을 때의 그 순간, 경매 사기꾼에게 걸려 수억 원의
쌈짓돈을 날렸을 때 그 순간, 나름대로 정보를 얻어서 매수한
주식이 상장폐지 당했을 때의 그 순간⋯ 하지만 그 순간들을
모두 합쳐도 '초등학교 5학년 아들에게 최신형 스마트폰을
사줬던 그 순간'과 비교할 수가 없다. 행정고시 합격, 좋은 인
간관계, 수억 원의 돈 등 그 모든 것도 사랑하는 아들의 미래
와 바꿀 수 없었다.

아들의 게임 문제를 어떻게 컨트롤하면 좋을지 조언을
얻기 위해 사람들에게 이야기를 꺼내면, 아들과 비슷한 나이
의 아들 부모들은 대체로 심각하게 걱정하며 공감했다. 하지
만 그 외의 사람들은 "게임, 그 나이엔 하다 마는 거 아니에
요?" "게임 중독까지 가는 애들은 수천, 아니 수만 명 중 한 명
아닐까요?"라고 쉽게 말하곤 했다. 그들은 본인 아이의 일이

아니라고, 또한 게임 중독을 제대로 모른 채 성급히 위로만 하려 했다.

알코올 중독이 무얼까? 아무리 술을 많이 마셔도 가끔 폭음하는 것은 알코올 중독이 아니다. 자꾸 이 핑계 저 핑계 대면서 매일 맥주 한 컵씩 마시면 알코올 중독이다. 스스로 제어할 수 없으니 매일 손을 대는 것이다. 그렇게 점차 양이 늘어나면 치료가 필요한 수준이 된다.

게임 중독 역시 마찬가지다. 처음엔 하루 10분씩만 한다고 한다. 그러다 '한 판 더', '한 판 더' 하다 보면 게임을 하지 않고는 도무지 견딜 수 없게 된다. 나는 확신한다.

"아들이 게임 중독에 빠지는 순간, 지옥이 시작된다."

그전까지 나는, 살면서 어떠한 문제가 생기더라도 수습하고 극복할 수 있다는 자신감이 가득했다. 사람은 누구나 실수하고 만회하며 배울 수 있다고 생각했다.

그러나 게임 중독은 문제가 전혀 달랐다. 그것도 아직 미래를 위해 지루한 걸 참는 능력이 부족한 초등학생에게는 너무 어려운 문제였다. 1분 1초가 아쉬운 이 시기에 아들이 게임에 정신을 빼앗겨 사는 걸 지켜보는 건 정말 고통스러운 일이었다.

게임이 아들을
지배하는 방식

초등학교 5학년에게 스마트폰을 덥석 선물한 것, 아들에게 저지른 범죄나 다름없었다. 첫째 아들은 스마트폰이 생긴 뒤 본격적으로 게임을 시작한 것을 이렇게 고백했다.

처음 스마트폰이 생긴 날을 잊지 못할 것 같다. 세상을 모두 가진 것 같았다. 아빠의 믿음도 고마웠다. 하지만 지금 생각해보면 열한 살은 스마트폰을 갖기에 너무 이른 나이였다. 스마트폰이 생기자 친구들이 하는 게임부터 깔았다. 솔직히 하루 종일 게임 생각밖에 없었다. '스솔'이라 불리는 '스페셜솔저'가 내 하루를 지배했다.

내 아이를 보며 게임 중독의 원인 혹은 책임에 대해 생각해본다. 게임 하나 조절 못 하는 우리 아이에게 책임이 있었던 걸까. 한 번 걸리면 빠져나올 수 없는 덫 같은 게임을 만든 게임 회사에 책임을 묻는 게 맞을까. 그것도 아니면 아들에게 게임을 권한 아들의 친구에게 책임이 있을까.

아니다. 게임에 관한 한 첫 번째 책임자는 무조건 부모다. 특히 나처럼 스마트폰이라는 게임기를 아들에게 선뜻 사준 사람은 입이 열 개라도 할 말이 없다.

아들은 스마트폰을 사주기 전에는, 스마트폰을 사줘도 게임 같은 건 안 하겠다고 장문의 편지까지 써서 나의 마음을 움직였다. 그렇다고 해서 스마트폰이 생기자마자 마음을 바꾼 나이 어린 아들의 의지 부족을 탓한다면 그것 역시 아빠 자격이 없다고 해야 할 것이다.

게임 중독은 아이와 부모의 공동책임이 아니다. 아들의 손에 모바일 게임이 '펑펑' 돌아가는 스마트폰을 쥐어준 부모의 무지함 즉, 단독책임이다.

'내 아들은 그러지 않을 거야.' '내 아들은 다른 애들과 달라.'

이런 건방진(!) 믿음을 함부로 가진 내 책임이다.

나의 심각한 표정을 보고, 게임이 사회화에 도움이 될 수도 있다고 위로하는 사람도 간혹 있었다. 과연 그럴까? 미국 심리학자 레너드 삭스 Leonard Sax 의 말에 따르면 현대 사회에서 잘살기 위해 필요한 능력은 한마디로 '참을성'이라고 한다. 결과가 나올 때까지 끈질기게 도전하는 힘, 내 차례가 될 때까지 기다리는 힘, 상대방의 말을 끝까지 경청하는 힘, 내 의견을 차분히 관철시키는 힘 등이다.

그러나 게임은 이 모든 것을 방해한다. 게임이 요구하는 가장 큰 능력은 바로 '신속함'이다. 전술과 전략을 빠르게 실행하고 또 수정해야 한다. 또한 게임은 아들이 선택한 결과도 빠르게 수치화해서 보여준다.

아들이 학교에서 참을성을 키우며 자신의 역량을 갖추어야 할 시기에 오히려 역기능을 키우고 있는 셈이다. 물론 게임을 통해 정해진 룰을 익히고, 경쟁이라는 시스템에 참가하고, 그것에서 나름의 성취감을 얻을 수는 있을 것이다. 하지만 게임의 이로움(?)을 아무리 쥐어짜내도 가장 중요한 '참을성'을 키울 시간을 빼앗는다는 게임의 본질은 달라지지 않는다.

특히 요즘 게임은 다른 유저와 협력해야 하거나 다른 유저들과 경쟁해야 한다. 캐릭터는 어느 그룹에든 끼어야 더 빨리 성장한다. 또 그룹은 많은 플레이어를 모을수록 경쟁력이 세진다. 그러다 보니 혼자서 게임을 할 수 없다. 당연히 친구들을 끌어들이게 되고, 함께 게임을 하는 아이들끼리 뭉치게 되는 것이다. 게임을 안 하면 친구가 없다는 말도 여기에서 나온다. 게임 회사의 치밀한 전략이다. 거기다가 캐릭터를 원하는 수준으로 성장시키고 강력한 능력을 갖추게 하려면 유료 아이템을 사야 하는 구조로 이루어져 있다. 그렇게 되면 게임 캐릭터에 애착이 안 생기려야 안 생길 수가 없다. 이런 과정 속에서 우리 아이들이 쉽게 벗어나는 게 만만할 리가 없다.

쉽게 말해 게임은 아들의 시간과 돈을 담보로 잡고 있었다. 최첨단 기술을 바탕으로 섬세하게 설계된 도박… 바로 그런 게임이 아들의 하루를 지배했다.

얼마나 더
실망할 수 있을까

눈에 넣어도 안 아픈 자랑스러운 내 아들이, 새벽에 일어나, 엄마 아빠의 눈을 피해, 냄새 나는 화장실에 숨어서, 가상 세계의 캐릭터들과 현란하게 칼을 휘두르며, 현실 세계에선 쓸모도 없는 아이템을 획득하기 위해 시간을 쏟고 있었다.

게임 중독, 이 병은 최신형 스마트폰, 이 하나만으로 발병 조건이 충족됐다. 거기에 아들에 대한 '근거 없는 믿음'을 갖고 있으며 '게임 중독에 무지한' 부모가 촉매제가 됐다. 이 병은 잠복기도 짧았다. 또 한 가족의 일상을 대담하게 망가트렸다.

여기서 다시 한 번, 병원에서 어떤 사람을 '게임 중독'이라고 명명하는지 짚어보자. 게임 때문에 잠을 적게 자고 몸이 피로해서 게임 외 다른 생활에 악영향을 미치거나 평소 생활을 제대로 할 수 없는 상태를 게임 중독이라고 본다.

게임 중독은 질병이지만 백신 같은 건 없다. 또한 중증이 되어야, 즉 생활 습관이 흐트러져야 그 사태를 깨닫게 된다. 만성질환이 될 확률이 높고, 그렇게 되면 게임을 하는 당사자는 물론 그를 사랑하는 주변 사람들까지 모두 힘들어지게 된다.

아들이 게임 중독 수준이라는 것을 알고 처음에는 당황

했고 부인하다 곧 암담해졌다. 어디서부터 어떻게 바로 잡아야 할지 가늠이 되질 않았다. 곧 사춘기가 될 아들을 강압적으로 억누르는 게 옳은 걸까? 그렇다고 게임에 빠져 허우적대고 있는 아들을 믿음으로 지켜봐야 할까?

그냥 놔두라고 조언하는 사람이 있었다. 이미 명문대에 진학한 엄친아를 둔 아버지, 게임 같은 건 안 하고 평범하게 고등학교에 다니는 딸을 가진 아빠들이 그렇게 말했다.

"괜찮아. 한때야. 곧 그만둘 때가 온다니까."

"그냥 놔둬도 돼. 우리 딸도 게임 잠깐 하다 말더라고."

이런 말들에 잠시 마음을 의지했다.

'맞아. 아들이 잠깐 빠졌는데 괜히 큰일을 만들어서 관계까지 나빠지면 어떡해? 누구 아들인데? 내 아들이잖아! 착하고 믿음직한 내 아들. 따뜻하게 얘기해주면 스스로 이겨낼 거야. 다시 예전의 그 아들로 돌아올 거야.'

화장실 사건은 조용히 덮고, 아무렇지도 않은 척하며 아들의 어깨를 토닥였다. 아들의 요즘 고민이 무엇인지 같이 이야기도 나누었다. 그러기 위해 함께 여행을 떠났고 주말엔 같이 운동을 했다. 영화관과 야구장에 가는 횟수를 늘렸다.

착각이었다. '명문대 그 아들'과 '평범한 그 딸'은 '게임 중독에 빠진 내 아들'과는 전혀 다른 아이들이었다. 나에게 맘 편한 조언을 해준 두 사람 중, 전자는 영어 어린이집부터 시작해 최상급 사교육으로 아이를 '쉴 새 없이 뺑뺑이 돌린' 아빠였고, 후자는 게임보단 아이돌을 더 좋아하는 딸의 아빠였다. 그들의 상황과 나의 상황은 전혀 달랐다.

이미 게임의 쾌감을 맛본 아이는 쉽게 게임을 멈추지 못했다. 부모의 언성이 자주 높아지자, 급기야 부모 눈을 피해 게임을 했다. 참다 참다 인내심이 바닥난 나는 가장 간단한 방법을 택했다. 기쁘게 사줬던 스마트폰을 빼앗았다.

아들은 완전히 정신을 차렸다. 스마트폰을 압수하고 다시 2G폰을 사줬지만 아무렇지도 않게 자기 생활로 돌아온 것 같았다. 불편함을 받아들인 아들의 모습이 대견할 정도였다. 조금 달라진 점이 있긴 했다. 군것질을 끊은 것이다. 용돈을 아껴 사용했다. '그래, 본인도 부끄러웠겠지. 달라진 모습을 보여주려나 보다.' 우리 부부는 가슴을 쓸어내렸다.

그러던 어느 날부터 아들은 방문을 잠그고 밖에 잘 나오지 않았다. 동생들이 문을 두드려도 열어주지 않고 틀어박혔다. 급한 시험이 있거나 학원 숙제가 많아진 것도 아니었다. 아내는 뭔가 이상하다고 생각했다.

아내는 초등학교 6학년 아들이 학교에 간 틈을 타 아이 방을 뒤지기 시작했다. 샅샅이 뒤지려던 아내의 각오가 무색하게 그 원인은 쉽게 발견됐다. 아들의 침대 매트리스 틈에서 처음 보는 낡은 스마트폰 하나를 찾아낸 것이다!

시간이 지난 뒤 그때의 모습을 아들은 이렇게 회상했다.

한 번 게임을 시작하게 된 이상 그 게임을 멈출 수 있는 건 아무것도 없었다. '게임을 하지 말라'는 부모님의 말씀이 '게임 하지 말아야지'라는 다짐으로 연결됐으나, 실제로 게임을 그만두는 건 너무나도 어려웠다.

한번 게임에 맛을 들인 아들은 단번에 게임을 끊지 못했다. 그렇다고 스마트폰을 돌려달라고 하는 건 본인이 생각해도 언감생심, 꿈도 꿀 수 없는 일이었다. 그 사이 친구들은 너나 할 것 없이 게임 캐릭터를 쑥쑥 키우고 있으니 마음이 조급해졌을 것이다.

한창 클 나이에 굶고 다니지 말라고 부모가 준 용돈을 모으고, 손자를 아끼는 마음으로 조부모가 틈틈이 주신 쌈짓

돈을 털어 아들은 공기계를 샀다, 대담하게도. 그리고 숨어서 게임을 하기 시작했다.

밤에 화장실에서 게임을 하다 걸렸던 경험을 '학습 효과' 삼아 아들은 게임 하기에 좋은 시간과 공간을 물색했다. 부모가 없는, 이왕이면 동생들도 없는 시간에 혼자 집에 있을 때가 완전 범죄를 하기에 가장 좋았다. 아빠와 엄마가 마트에 갈때, 동생들이 학원에 갈 때, 현관문이 닫히는 소리가 들리는 순간부터 아들의 마음은 두근거렸다. 숨겨뒀던 공기계를 꺼내 와이파이와 연결하는 그 순간이 드디어 온 것이다.

그때 아들이 불과 초등학교 6학년이었다. 아직은 볼살 통통한 아이. 내 눈에는 한없이 귀엽기만 한 천진난만한 어린이였다. 하지만 요즘 아이들은 똑똑했다. 게임만 할 거라면 공기계만 있으면 될 뿐, 통신사가 필요 없다는 걸 알았다. 와이파이만 잡히면 되니까. 그래서 공기계를 사기 위해 돈을 모으고, 군것질도 절제했다. 본인이 즐겨 하는 게임이 잘 돌아갈 정도의 적당한 스펙(?)의 스마트폰을 선별할 줄도 알았으며, 네이버를 통해 공기계를 '직거래'할 줄도 알았다. 그러다 결국 엄마에게 걸린 것이고.

아내는 큰 충격을 받았다. 부모가 사준 스마트폰으로 몰래 게임을 하다 걸린 것과, 직접 낡은 공기계를 사서 몰래 게임을 하는 건 또 다른 차원의 충격이었다. 아내는 떨리는 목소리로 아들의 방에서 공기계를 발견했다고 나에게 전화를 했다. 일하고 있던 나는 반차를 내고 회사에서 나왔지만, 아들을 어떻게 봐야 할지 몰라 회사 근처 중식당에 들어갔다. 혼자 꿔바로우에 고량주를 마시며 게임의 노예가 되어버린 아들 녀석을 생각하며 분노했다.

나는 분노가 '일회성'으로 끝날 줄 알았다. 그때는 몰랐던 것이다. 그 뒤로도 그와 유사한 일들, 즉 책장 뒤에서, 옷장 서랍에서, 하다 하다 화장실 환풍구 부근에서 새로운 공기계를 계속 마주하게 될 줄은…. 무슨 수를 써도 아들의 게임 중독은 '뫼비우스의 띠', '시지푸스의 바위'가 되어 부모를, 가정을 덮칠 기세였다.

바스라진 믿음,
견고한 장치

착각은 자유가 아니다. 비극이다. 누구보다도 오랜 시간 아들을 지켜보고 있었을 아내의 걱정 섞인 눈빛에 위로랍시고 "괜찮아. 남자애가 게임 안 하고 클 수 있나. 나도 한창 했지만, 그래도 공부는 잘했어!"라면서 철 지난 이야기나 하던 나의 모습이 참으로 해맑기도 했다.

누군가는 이렇게 말했다. "게임 못 하게 한다고 공부 하나요?" 이런 궤변에 "아, 그러게요. 맞는 말씀이세요"라고 넘어가는 부모가 바로 나였다. 현실 세계의 스트레스를 풀기 위해 가상의 게임 세계로 빠져들어 허우적대는 아들과 현실 세계의 이야기를 함께 나눴어야 했는데 나는 그저 참고 기다려 주는 게 미덕이라고 생각했다.

'잠깐 하다 말겠지.'

'이제는 더 안 하겠지.'

부모가 무너진 믿음을 놓지 않기 위해 한 번만 더 믿으려고 발버둥 치고 있을 때 아들은 현란한 그래픽 속에 더더욱 심취했다. 게임 회사는 온갖 장치와 술수로 아들을 게임 속으로 끌여들였다. 그들의 목표는 오직 동시 접속자를 늘리고, 한 번 접속하면 끄기 힘들게 만들고, 적당히 현금 결제를 하도록 유도하는 것이었다. 아들은 그 앞에 속수무책이었다.

요즘 게임은 그저 시간 때우기, 하루 몇백 원, 몇십 분짜리 심심풀이가 아니었다.

"머리 식힐 정도의 게임은 허락해도 되지 않나요? 평소에 아들을 옥죈 건 아니에요?"

내 이야기를 듣고 초등학교 2학년 아들을 둔 엄마가 질문했다. 나는 반문했다.

"머리 식힐 정도의 게임으로 어느 정도의 시간을 생각하시나요?"

"하루 20~30분 정도는 괜찮지 않을까요?"

앞에서도 말했지만 바로 그게 게임 중독이다. 매일 꾸준히 조금씩 하는 것. 아동 심리 전문가들이 아이들 학습 습관 잡을 때 가장 강조하는 것이 바로 '매일 조금씩 꾸준히 하는 것'이다. 알코올 중독 여부 체크리스트에서 가장 중요한 것이 '음주 양보다 매일 조금씩 꾸준히 마시는가'다. 게임도 마찬가지다. 머리 식힐 정도의 게임을 매일 조금씩 꾸준히 하는 것이, 바로 중독으로 가는 레드카펫을 깔아주는 격이다.

게임 중독을 질병 취급하는 걸 반대하는 사람들은 '20대를 넘어가면 자연스럽게 게임 중독 현상이 사라지는데 굳이 질병이라고 공식화하는 게 맞느냐'는 주장을 하기도 한다.

헛웃음만 나온다.

한 심리학자가 박사 논문 주제로 PC게임 '마비노기'를 선정했다. 문제는 그가 원래 게임을 좋아하는 사람이 아니었다는 것이다. 그러니 논문을 쓰려고 해도 도무지 무슨 말인지 몰라서 글을 쓸 수 없었다. 결국 게임을 좋아하는 친구에게 차근차근 배워서 게임을 해보기로 했다. 그리고 그는 이렇게 말했다. "1년간 아무것도 못 하고 오로지 게임만 했어요."

그는 성인이었다. 게임을 하고 싶었던 사람이 아니라 게임을 연구하려던 사람이었다. 그런 그도 게임을 한 번 접하고선 1년간 아무것도 '못' 했다고 말한다. 그렇지만 그는 통제력을 발휘해 1년의 게임 폐인기를 벗어나 다시 박사 과정 학생으로 돌아갔다.

하지만 우리 아이들이 1년간 아무것도 하지 않고 게임만 하면 어떻게 될까? 아이는 초등학교 5학년에 머물러 있는데, 친구들은 중학교 1학년이 되었고, 그중에는 선행으로 고등학교 과정을 복습하고 있는 아이들도 있을 것이다. 초등학교 5학년 수학을 한번 풀어보라. 만만치 않은 정도가 아니라 대놓고 어렵다. 반복해서 공부해도 공부가 어려운 시기에 게임으로 시간을 낭비하게 되니 초3~초6에 게임에 빠지면 열에 아홉은 '수포자'의 길을 갈 수밖에 없다.

게임의 지독한 점이 또 있으니 아이의 성장에 있어 결정적 순간에 집요하게 일상으로 파고든다는 것이다. 게다가 사춘기까지 겹친다. 세상을 달리 보고 경험해야 하는 것도 많아지는 바로 그 시기에 게임은 부모와 자식의 관계를 더더욱 멀어지게 한다.

언제부터인지 아들은 가족과 함께하는 시간을 피하기 시작했다. 이전까지만 해도 "밥 먹으러 가자!" 하면, 먼저 나서서 "빨리 가요!"를 외치던 아들은 어느 순간부터 "별로 밥 생각이 없어요."라고 말했다. 아내와 나는 착각했다. "초등학교 6학년이 되더니 사춘기가 됐나 봐." 우리는 몰랐다. '밥맛'이 없는 게 아니라 '게임맛'이 훨씬 좋아서 외출을 포기했음을. 엄마와 아빠가 동생들을 데리고 집을 나서는 순간 아들은 게임 세계의 문을 열었다. 자기를 따르는 동생들, 자기를 믿는 아빠, 자기를 위하는 엄마…. 모든 게 뒷전이었다. 아들에게 중요한 건 오직 게임을 할 기회뿐이었다.

게임 머니

내가 살아가는 이유는 단 하나였다. 아이들이 행복하게 웃는 모습을 보는 것. 아이들이 뭘 좋아하는지 늘 고민했다. 어렸을 적엔 공원만 함께 나가도 아이들이 좋아했다. 하지만 초등학교 고학년이 되고 중학생이 되자 그게 쉽지가 않았다. 이것저것 시도해봤지만 결국 선물이나 용돈이 최고였다. 특히 첫째는 무엇인가를 사주는 것보다 엄마 몰래 슬쩍 찔러주는 용돈에 얼굴이 밝아졌다.

"공부하느라 힘들지? 맛있는 거 사 먹어! 콜라 같은 거 먹지 말고!"

이렇게 말하면서 내가 지갑을 꺼낼 때 밝아지는 아들의 표정을 보면서 '그래, 내가 이래서 밤낮없이 일하는 거 아닌가!' 하는 생각이 들어 흐뭇했다. 큰아들과 비밀을 공유하는 느낌도 괜찮았다.

참고로 당시에 아내는 아이들에게 체크카드로 용돈을 주고 있었다. 일주일에 만 원을 엄마 명의의 체크카드에 넣어주면 아이들은 그 한도 내에서 돈을 썼다. 그런데 첫째 아들은 이 방식을 싫어했다. 체크카드를 사용하는 즉시 엄마에게 문자로 통보되는 방식에 짜증이 났던 거였다.

"저녁 먹을 시간이 다 됐는데 떡볶이를 먹으면 어떻게 해!"

"다음 용돈일까지 4일이나 남았는데, 용돈 떨어져도 더 안 줘!"

아들은 이런 식의 타박을 싫어했다. 입장 바꿔 생각해도 기분 좋은 일은 아니다. 그러니 엄마 몰래 받는 아빠의 용돈, 그러니까 현금은 아들에겐 엄마의 잔소리를 들을 필요가 없는 비자금으로 쓰일 것이었다. 얼마나 달콤할까?

지금에서야 후회한다. 아들의 천진난만한 표정 뒤에 딴 궁리가 있었음을 생각 못 했다. 엄마 모르게 아들에게 돈을 찔러주는 건 아내의 현명함에 재를 뿌리는 무지한 행동이었다. 이유는 다음과 같다.

아들은 아빠가 슬쩍 준 현금을 모았다. 그 돈을 모아서 편의점에서 5만 원짜리 '구글 플레이 기프트 카드'를 샀다. 왜? 아이템을 사서 가상 속 게임 세계에서 강해지기 위해서. 이것이 아빠가 준 용돈을 환히 반기는 이유였다.

엄마에게 실시간으로 사용 내역이 통보되는 체크카드의 10만 원보다 모바일 게임을 위해 모을 수 있는 현금 1만 원이 아들에겐 10배 더 반가울 수밖에 없었다. 아들이 이렇게나 똑똑(?)하다는 것을 나는 또 간과하고 있었다.

요즘 아이들은 우리 때와 다르다. 글쎄, 과장을 곁들이면 우리가 고등학생일 때보다 세상에 대해 더 잘 안다. 돈은 또 어찌나 잘 쓰는지. 엄마가 사주지 않는 스마트폰은 검색 몇 번으로, MMORPG(가상 세계에 플레이어 수천, 수만 명이 함께 접속해서 싸우고 칼질하는 게임)게임이 팽팽 돌아가는 공기계를 산다. 10만 원이면 충분하다.(요즘에는 초등학교 앞 문방구에서 공기계를 매입하고 또 판매한다고 하니, 애들 상대로 공기계를 사고 파는 어른들에게도 책임이 있다)

거기서 그치지 않는다. 공기계를 살 정도로 게임에 집념이 강한 아이들은 게임 세상에 대한 집착도 크다. 현실에서는 낡은 스마트폰으로 방구석에 틀어박혀 몰래 게임하는 누추한 자신이지만, 가상 세계에서만큼은 강해지기 위해 아이템도 구입하기 시작한다. 어렵지도 않다. 가게 하나 건너 하나씩 있는 편의점에서 늘 파니까.

편의점 한쪽, 내 눈에는 보이지도 않던 그곳에 '구글 기프트 카드'가 걸려 있었다. 알고 보니 신용카드를 쓸 수 없는 아이들의 코 묻은 돈을 싹싹 긁어 가려는 게임 회사의 꼼수였다. 구글 기프트 카드를 구입해 카드에 적힌 번호를 게임 세계에서 입력하면 현실의 돈이 손쉽게 게임머니가 됐다. 아빠의 사랑이 아들의 게임머니가 되는 건 빠르고도 쉬웠다.

거짓말이 습관이 되다

게임 중독에는 전조증상이 있다. 거짓말이 그것이다. 세상에서 제일 믿고 또 믿어야 할 아들이었지만 공기계가 두어 차례 발견되고 나니 믿고만 있을 수 없었다. 경계할 것은 경계해야 했다.

지금 이 책에서 아들의 거짓말을 낱낱이 공개하는 이유는 '내 아들이 못났다'고 말하려는 것이 아니다. 정반대다. 내 아들은 그때나 지금이나 여전히 잘났다. 다만 그런 아들을 무너뜨리고 망가뜨렸던 게임의 무자비함을 조심하자는 것이다.

게임으로부터 아이들을 보호하기 위해 정보 공유 차원에서 이야기하자면 첫째 아들이 한창 게임에 빠져 있을 때 엄마, 아빠에게 했던 대표적인 거짓말이 세 가지 있다.

첫째, "숙제? 다 했어요!"

초등학교 고학년의 학교와 학원 과제는 생각보다 많다. 여기서 교육제도를 논하고 싶진 않다.(그래도 굳이 말하자면, 개인적으로 두 가지만 원한다. 하나는 학업 평가는 1년에 한 번만 필기시험을 봐서 끝냈으면 좋겠다. 다른 하나는 재수할 때부터는 입시에 내신 점수를 다르게 넣거나 반영을 안 하면 좋겠다. 내신이 무슨 범죄 전과도 아니고 왜 평생을 따라다녀야 하는가!) 다시 하던 이야기로 돌아가면 초6이 되면 숙제도 챙겨야 할 것도 너무 많아진다. 그래서 아이들의 하루하루가 벅차다. 그런 상황에서 게임까지 한다면? 과제를 하는 것이 불가능하다. 그래서 엄마 아빠가 물어보면 숙제, 다 했다고 둘러댄다. 만약 검사하기 시작하면? 그때부터는 답안지를 베낀다. 거짓말이 거짓말을 낳는 것이다.

둘째, "조금만 할게요."

게임을 조금만 할 수 있을까? 단언컨대 대한민국 초중등 남학생의 99.9퍼센트에게 '조금만'은 불가능한 일이라고 말할 수 있다. 게임의 선택지는 두 가지 중 하나다. 하거나 아예 하지 않거나. 실제로 게임을 못 하게 했다고 죽어버리겠다고 협박하고 자해하는 아들들이 많단다.(주먹으로 벽을 치거나, 문을 발로 차고, 이마로 책상을 들이받는 것은 자해다) 사춘기라 제정신이 아닌 아들이 발악을 하면 부모는 타협할 수밖에 없다. 나 역시 그랬다. 게임을 하는 아들을 보면서 "너무 오래 하는 거 아니니?"라고 조심스레 경고를 하는 게 전부였다. 이제 시작했을 뿐이라면서 펄펄 뛰는 아들을 믿고 싶었다. 내 아들이기 때문에. 그러나 게임은 절대 조금만 할 수 없다. 하면 끝장을 봐야 한다. 그게 게임의 구조다.

셋째, "지금? 공부하고 있는데요?"

아들만 집에 두고 외출했을 때 전화를 해서 아들에게 뭐

하냐고 물어보면 공부하고 있다고 말했다. 거짓말이다, 대부분. 게임 전쟁이 끝난 뒤 첫째 아들은 이렇게 고백했다. 게임 중독 시기에 자신이 가장 많이 했던 거짓말 중 하나가, 바로 외출한 부모에게 전화가 걸려오면 공부하는 중이라고 안심시키는 것이었다고. 게임을 허락한 부모는 아들의 말을 믿고 싶을 것이다. 하지만 게임은 부모의 기대를 무참하게 짓밟는다.

거짓말을 하는 아들을 보고 있으니 매일 억장이 무너졌다. 사랑하는 가족 사이에 갈등이 생기고 신뢰가 무너지고 있다는 사실을 받아들여야 하는 건 고통스러운 일이었다. 특히 아들의 이러한 태도가 인생을 대하는 태도로 굳어지는 건 아닐까 하는 생각까지 들면 가슴이 철렁했다. 순간을 모면하기 위해 습관적으로 거짓말을 하는 성인이 되어 살아가는 아들의 모습은 상상하기도 싫었다.

거짓말에는 생명이 있다. 진실이 드러나는 순간, 거짓말은 생명을 다한다. 그 순간의 창피함, 민망함은 물론이거니와, 어쩌면 소중한 사람에게 그동안의 삶 자체를 송두리째 부정당할 수도 있다. 아들이 거짓말을 습관처럼 아무렇지도 않게 하게 되자 참담한 마음이었다.

아들이 쓰는 말이 달라졌다

첫째 아들의 입에서 거친 말들이 툭 튀어나오기 시작한 것도 아마 그때쯤이었던 듯하다. 자기도 모르게 "허접"이란 비속어를 뱉고 눈치를 보는 아들에게 "게임에서 쓰는 말이니?" 하고 물어봤더니 눈도 맞추지 않고 살짝 고개를 까닥였다. 게임에서 쓰는 말들에 대해 이야기를 나눴다. 아들도 알고 있었다. 경멸과 무시가 담긴 나쁜 말들이라는 것을. 근데 도대체 왜 쓰는 걸까?

"게임 캐릭터의 레벨이 낮으면 그 사람을 당연하게 무시하게 되는 것 같아요."

배틀 그라운드 속칭 '배그'라 불리는 전 세계적 인기 게임이 있다. 얼마나 인기냐면 전 세계에 프로구단이 있다. 부모들이 잘 모르는 사실은, 이 게임이 청소년 이용 불가 게임(정확히는 15세 이용 가능)이라는 것이다. 그런데 우리나라 중학생 아이들은 자연스럽게(?) 이 게임을 즐겨한다. 어떻게 하느냐고? 부모 명의를 도용했다면 그 정도는 애교다.

어쨌든 이 게임은, 한 번에 최대 100명의 플레이어들이 전쟁에 참여해 전투를 벌인다. 당연히 한 팀에는 잘하는 사람도 있고, 처음 하는 사람도 있다. 또 젊은 사람도 있겠지만, 나이 많은 사람도 있다. 그런데 채팅도 점잖고 게임도 서툰 유저가 있다면? 이렇게 말한단다.

"졸라 허접한 틀딱이 들어와서 왜 지랄이야!"

어른은 공경의 대상이라는 말, 그리 달갑지 않다. 어른답지 못한 어른이 우리 주위에 얼마나 많은가. 그러니 무조건 어른이라고 해서 나이 어린 사람에게 공경이나 존중을 받으려는 것이 우스운 일이라는 것도 안다. 하지만 밑도 끝도 없이, 게임 하나 '버벅거린다'고 어른을 향해 경멸과 혐오의 말을 쏟아내는 건 결코 바람직한 모습이 아니다.

어른한테만 그런 것도 아니다. 자기보다 어린 약자들에게는 더한 욕설과 폭력(?)이 난무한단다. 팀에 초등학생이라도 들어오면 – 청소년 불가 게임에 초등학생이 들어오는 게 더 문제이긴 하지만 – '팀킬'을 한단다.(참고로 팀킬team kill이란 온라인 게임에서 쓰는 말로, 슈팅 게임 등에서 같은 팀을 죽이는 비매너 플레이를 일컫는다) 나이가 어리다는 이유로 깔보고, 소위 부모 욕을 일컫는 '패드립'도 흔한 일이란다.

그런데 게임 세계에서 잔뼈가 굵은 초등학생의 대응도 만만치 않단다. 팀킬로 죽어도 또 들어오고 또 들어와서 같은 팀을 놀린다. 웬만한 패드립은 더한 패드립으로 받아친다니 할 말이 없다. 구체적으로 심한 사례도 들었다. 충격받지 마시길.

"헤드셋을 끼고 롤을 하던 중이었는데, 초딩 한 명이 이렇게 말하더라고요. '아 씨! 김치년이! 설거지는 지가 할 일인데 왜 나를 시키고 지랄이야!'"

그 초딩이 말한 김치년은 엄마다. 게임하고 있는데 설거지하라고 했다고 육두문자를 날린 거다. 그렇다면 아빠는? 언급을 안 해주면 다행이다.

게임 세상에는 기본적으로 사람에 대한 예의, 인간에 대한 존중이 없다. 그런 곳에 내 아들을 내버려 두고 싶지 않았다. 사랑하는 아들의 입에서 거친 말들이 튀어나오기 시작하는 것을 두고만 볼 수 없었다. 동생들한테 '너 애자냐?', '초딩 새끼'라고 말하는 것을 듣고 기가 막혔다. 몸과 마음이 모두 무너져내렸다. 저급한 말들을 아무런 죄책감 없이 가족한테 하고 있는 아이가 내 아들이라니.

친구들도 다 하는데

아이들이 즐기는 대부분의 게임은 전쟁을 하든 경쟁을 하든 누군가를 짓밟고 올라가야 성취감을 얻을 수 있다.(그래야 레벨도 올릴 수 있다) 서로 협동하기보다 약자에 대한 멸시부터 배운다. 아들이 거짓말에 이어 거친 말투, 거기다 약한 상대인 동생들에게 폭압적인 모습까지 보이자, 큰아들에 대한 걱정을 넘어 나머지 두 아이들에게도 악영향을 미치는 게 아닐까 두려움이 커졌다. 결국 아들을 계속 감시하고 점검하고 믿지 못하는 불신으로까지 이어졌다.

게임을 좋게 보려는 누군가는 게임에 아이들이 빠져드는 결정적인 이유와 긍정적인 역할로, 게임이 사랑과 인정에 대한 강한 욕구를 충족시켜주고, 정서적 결핍을 채워주는 안식처 역할을 한다고 이야기했다. 현실에서 받지 못하는 사랑을 받고, 인정을 받고, 정서적 안정을 느끼기 위해 게임을 한다는 것이다.

그러니 아들에게 게임을 허락하라는 것인가? 가상의 세계에서 사랑과 인정을 받으라고, 부모가 못 해주는 것을 게임 세상이 해결해줄 거니까? 게임 속 세상에는 사랑과 인정보다 경멸과 인격 모독, 괴롭힘이 더 많다. 게임 세상 속 사랑과 인정은 완전한 폐허 속에서 가끔씩 발견되는 쓸모없는 동전 한

닢 같은 거다.

뭐 하나 제대로 할 수 없는 유아를 혼자 집에 두고 외출하는 부모는 아이를 방임한 책임을 져야 한다. 마찬가지다. 초중등 아이가 게임을 하는데 아무런 손을 쓰지 않고 내버려두는 건 자녀를 방임한 것이나 마찬가지다.

사실 해결하지 못한 숙제가 하나 더 있긴 했다. 아들은 말했다.

"친구들도 다 한단 말이에요."

이 말은 쓰기 싫었건만 '라떼는' 친구들과 축구를 하느라 쉬는 시간, 방과 후 시간에 정신이 없었다. 그런데 요즘엔 축구 대신 게임을 한다는 말이었다.

그래서 그걸 인정해줄 것인가! 국내 저명한 정신과 의사가 쓴 모 책에 따르면, 남자들은 소위 나쁜 짓(?)을 하며 유대감을 쌓는다고 한다. 편협한 인생 경험이지만 그 말에 동의하는 바다. 하지만 그건 성인에 한해서만이다. 일은 해야 하고 친목을 쌓으라 하는데, 초중학생처럼 한 학교에서 온종일 몸을 부대끼며 친해질 시간이 없으니, 술을 퍼마시거나 취해서 바보짓을 하면서 동료애를 급조하는 것이다. 그러고 보니 요즘 아이들은 학원 뺑뺑이 때문에 몸으로 친해질 시간이 부족해 모여서 나쁜 일을 꾸미며 친해지는 걸까?

　물론 청소년기에는 또래 집단에 소속되는 것이 얼마나 중요한지 안다. 그런 시기가 살아가면서 반드시 필요하기도 하고 말이다. 그래서 '친구들도 다 한다'는 말에 자꾸 흔들렸다. 하지만 인간에 대한 최소한의 존중마저 잊고, 오로지 게임 레벨로만 상대방을 평가하는 곳, 즉 게임 세상에 아들을 방치해두고 싶은 마음은 절대 생기지 않았다.

　사람은 적정 시기에 반드시 배워야 할 게 있다. 특히 어린 시절의 경험과 학습은 정말 중요하다. 그래서 초등학교와 중학교는 의무교육으로 규정해 누구나 평등하게 교육받을 수 있게 하고 있지 않은가. 특히 각기 다른 사람들이 하나의 공동체에 속해서 다양한 경험을 함께하며 협동하고 갈등을 해결하는 지혜를 배우는 것은 가장 중요한 일이라고 생각한다.

　세상은 그런 노력을 하고 있는데, 누군가는 그걸 배워나가고 있는데, 게임에 빠진 우리 아이는 서로 욕하고 헐뜯고 멸시하는 것을 더 많이 경험하며 배우고 있다면 부모로서 아이를 보호해야 할 책임감을 느껴야 한다. 어른이니까.

가벼운 게임은
괜찮지 않을까

'게임 중독'이라고 하면 어른들은 '리니지'나 '롤' 같은 대작 게임만 떠올린다. 아니다. 아이들을 중독으로 이끄는 게임은 그거 말고도 많다. 나의 아들이 밤새 붙잡고 있던 게임은 '브롤스타즈'였다. 핸드폰으로 즐기는 슈팅 게임이었다. 내 아들을 빠지게 만든 게임의 정체가 궁금해서 나도 구글 플레이에서 다운받아 한번 해봤다. 얼핏 보면 문제가 없어 보였다. 작고 예쁜 캐릭터들이 오밀조밀 모여 있는 모습이 귀엽기까지 했다. 어이가 없었다. 내 아들이 고작 이런 게임 때문에? 화가 났다. 그리고 깨달았다. '모든 게임은 나쁘다.'

누군가는 '전략 시뮬레이션 게임strategy game' 말고는 단순한 놀이가 아니냐고 말한다. 천만의 말씀이다. 모든 게임은 나쁘다. 유치원생이나 하는 (것이라 생각하는) 앵그리버드나, '초딩'이나 하는 (것이라고 생각하는) 브롤스타즈, 모두 나쁘다. 모든 게임의 목표는 결국 하나다. 아이들을 게임 속 세상에 최대한 오랫동안 붙잡아두는 것.

그 대상이 어린이집을 다니는 여섯 살이건, 한창 공부 습관을 들여야 할 초등 고학년이건, 자신의 진로를 고민해야 할 중학생이건 그들은 상관하지 않는다. 게임 회사는 아이들의 시간을 뺏고 덤으로 돈도 뺏는다. 시간과 돈을 게임 회사에 더 많이 바칠수록 게임은 더 재미있어지고 더 충성스러운 신하가 된다. 그렇게 게임 중독이 된다.

아이들이 지불한 돈과 시간은 어쩔 수 없다고 쳐도, 그로 인해 잃어버린 기회비용을 따져보면 더 치명적이다. 다른 아이들은 예체능, 과학 체험 등 다양한 경험을 쌓고 있을 때, 게임에 빠진 아이들은 뭘 해도 시시하게 느낀다. 오직 게임을 할 시간만 기다리는 것이다. 그렇게 아이들은 다양한 가능성, 자기 앞에 놓인 다양한 미래를 모색할 기회를 놓쳐버린다. 게임 중독이 좀 더 오래되면 자신의 능력껏 충분히 공부를 하지 못한 채 허겁지겁 대입 준비를 해야 한다. 하지만 성적이 떨어지는 문제는 진짜 큰 문제가 아닐 수도 있다.

1997년 미국 켄터키주 퍼두커의 고등학교에서 총기 난사 사건이 일어났다. 범인은 학생 8명에게 각각 1발씩 쏴서 모두 머리와 상체에 명중시켰다. 웬만한 군인 뺨치는 100% 명중률이다. 전직 특수부대원쯤 됐을까? 놀랍게도 범행 며칠 전 훔친 총으로 사격 연습을 해보기 전까지 한 번도 총을 쏴보지 않은 14세 남학생이었다. (중략) 범인이 총쏘기 게임에 빠져 있었다는 데 주목한다. "이 살인범은 수년 동안 매일 밤 사격 연습을 했다고 봐야 한다." 희생자를 겨냥하고 방아쇠를 당기는 행동이 습관처럼 뇌에 새겨져 끔찍한 일도 '침착하게' 해치울 수 있었다는 것이다.

아들은 앵그리버드에서 시작해 브롤스타즈를 거쳐 슈팅 게임으로 분야(?)를 넓혀가면서 게임 중독이 되었다. 실제 생활보다 가상의 세계를 더 좋아했고, 현실의 부모보다 게임 속 캐릭터들에게서 사랑을 받았다. 게임을 하게 되면서 아들은 현실에서 이탈하려고 몸부림쳤다. '공부? 할 만큼 했어. 그러니 내가 하고 싶은 만큼 게임을 해도 돼!'라며 변명거리를 찾았다. 부모의 애정 어린 조언은 잔소리로 들렸고 게임을 할 때 듣게 되는 '타격음'만이 우리 아들의 귀에 아른거렸다.

• 출처: 〈조선일보〉 2019년 8월 31일

아이의 시간은
어른의 시간과 다르다

카이스트 교수와 연구원이 디지털 상업 게임을 즐기는 50~60대 그룹이 그렇지 않은 그룹보다 삶의 질이 높다는 연구 결과를 발표했다는 기사를 봤다. 연구자들은 게임의 긍정적 효과에 집중했다. 그들은 50~60대 그룹의 '건강하게 게임할 권리'를 언급하면서, (자녀들의) '게임을 하지 못하게 하는 세대'라는 편견을 넘어 콘텐츠를 즐길 줄 아는 '인식의 전환'을 해야 한다는 결론에 이르렀다.

"50대 이상 참가자들과 얘기를 나눠보면 게임 때문에 자녀와 갈등을 겪은 경험이 있었고, 한편으로는 디지털 문화에 뒤처지고 싶지 않은 마음이 뒤섞인 경우가 많았어요. 게임 플레이 워크숍이 끝난 뒤 '진작 (게임을) 해봤더라면 덜 싸웠을 텐데' 말하는 분도 계시고요. 모바일 게임을 하다가 정류장에서 버스를 놓친 경험을 하고선 '아들이 왜 그렇게 빠져서 했는지 알겠다.'라는 분도 있었어요."*

• 출처: <경향신문> 2021년 4월 21일

좋다. 인정한다. 공감한다. 하지만 이런 연구 결과를 우리 아이들에게 적용하는 것이 옳은가에 대해서는 의문이다. 이 연구에 따라 부모가 같이 게임을 하면서 아들의 게임을 응원해야 하나? 게임이 재밌어서 버스를 놓칠 정도니까, 무료한 시간을 즐겁게 보내기 위해서라도, 아들의 게임 중독을 건강하게(!) 수용해야 한다는 말인가.

게임 중독에 빠졌던 아들을 둔 아빠의 입장에서 그들의 연구 결과 혹은 해석에는 '아이들의 시간에 대한 상대적 가치'는 찾아볼 수 없었다. 어른들? 자기계발에 관심 없는 사람이라면 그들의 시간은 여유롭다. 공원에서 부부가 손을 잡고 거닐며 저녁 시간을 보내든, 노래방에 가서 최신곡을 부르든, 위의 연구자들이 말한 것처럼 배틀그라운드로 날밤을 보내든 관계없다. 왜? 50~60대에게 시간은 소비해야 할 자원이지 축적하고 아껴야 할 자원이 아니기 때문이다.

아이들의 시간은 다르다. 경쟁의 시작점에 서 있다. 앞으로 경쟁은 더 심해질 것이다. 초등학교 6학년의 수학 문제와 중학교 2학년 수학 문제 사이에는 엄청난 간극이 존재한다. 지식과 지혜는 시간과 경험이 켜켜이 쌓여야만 채워진다. 그런데 그 시간에 '건강하게' 게임을 하라고?

인정한다. 자녀의 성적에 몸이 달아 있다는 걸. 아들은 학업 스트레스에 영혼이 털려 있었다. 하지만 한 문제 차이로 대학 이름이 달라지는 현실에서 그 스트레스 돌파구가 시간을 아낌없이 낭비하는 게임이어도 될까? 그렇게 되었을 때 아들이 과연 대학 입시, 사회 진출 경쟁력에서 뒤처지지 않을 수 있을까.

아들이 학교를 잘 다니게 하고 싶다. 대학까지 나와도 취업도 안 되는 세상이라지만, 그래도 괜찮은 대학에 들어가서 좋은 친구들을 만나고, 공부에 몰입하고 자신을 성장시켜 건강한 사회인이 되기를 바란다. 물론 나도 안다. 과거에는 평범하기만 했던 이러한 과정이 지금은 절대 녹록지 않은 힘든 과정임을. 그래도 최소한의 배움, 사회적 관계를 누릴 줄 아는 아들이 되었으면 하는 게 아빠로서의 바람이다.

하지만 지금 이 시간에도 게임은 선량한 대한민국 부모의 마음을 잔인하게 난도질한다. 평일 낮시간에 수업도 빼먹은 채 교복을 입고 PC방에서 게임을 하던 중학생 아들에게 이런 말을 들었다는 아빠도 있었다.

"학교 가기 싫다고! 걱정하지 마! 나중에 검정고시 쳐서 대학 가면 되잖아!"

그 아빠 역시, 아들이 태어났을 때 '세상 모든 것을 가진' 느낌이었을 것이다. 소중한 아들이 게임에 빠져 고래고래 소리치는 모습을 지켜보는 그 아빠의 마음이 과연 어땠을까?

솔직하게 말해서 나는 내 아들을 '대단하게' 키우고 싶었다. 하지만 지금은 '평범하게' 키우는 것도 만만치 않다는 걸 깨닫게 되었다. 바로 그 게임이란 것 때문에. 아들이 가상 세계인 게임 속에서 헤매느라 '현실' 세계인 학교와 가족에게서 멀어지려 하는 모습을 바라보고 있어야 하는 건 인생 최악의 고통이었다.

스스로를 성장시키는 공간인 학교에 가지 않게 만드는 게임, 세상이 자신을 외면해도 끝까지 자신을 보호해줄 가정을 우습게 여기게 만드는 게임을 온몸으로 막아내고 싶었다. 가상의 세계에서 최고가 되고자 현실에서 자신의 건강을 잃고, 자신을 가장 사랑하는 가족과의 관계를 끊고, 무궁무진한 미래의 가능성을 놓치게 된다면 비극 아닌가.

물론 아이도 시간이 지나면 서서히 깨닫게 될 것이다. 하지만 이미 시간을 소모한 이후에 그것이 무슨 소용이 있겠는가. 반성 이외에 할 게 뭐가 있을까. 그렇다고 해서 가상 세계에 낭비해버린 시간이 되돌아오는 것도 아니다. '로그아웃'

하는 순간 아무것도 남지 않는 게임에 전력을 다하는 아이의
모습을 보는 것은 그 자체로 절망을 넘어 공포였다.

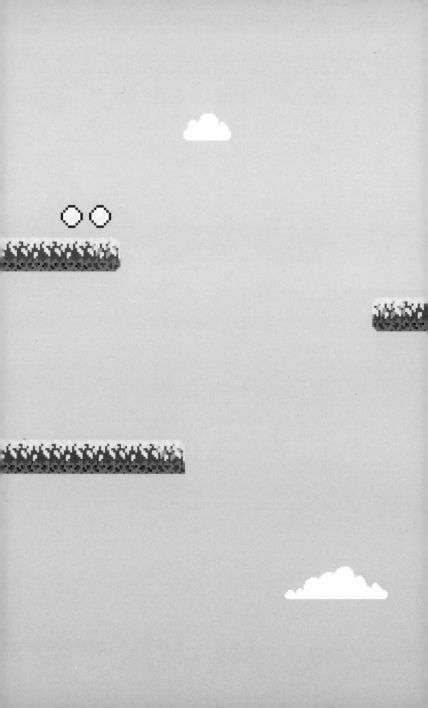

PART 2

게임 회사는 그 가면을 벗어라

진짜 나쁜 자들의 변명

게임 회사 = 가정파괴범

아들을 믿고 스마트폰을 사줬던 그때, 아이는 초등학교 5학년에 불과했다. 이제는 안다. 아빠의 철없는 믿음에 부응하기에는, 자기 자신을 스스로 통제하기에는, 아들은 많이 어렸다. 게임 회사에서 볼 때 아들은 손쉬운 먹잇감이었을 것이다. 게임에 빠진 아들은 거짓말을 입에 달고 살았고, 아들을 믿었던 나는 뻔한 거짓말을 하는 아이를 보며 배신감에 치를 떨었다. 그러다 어느 날 '욱'하는 감정이 올라왔고 나도 모르게, 아니 스스로를 제어하지 못하고 난생처음 아들의 귀싸대기를 때렸다.

손찌검… 절대적으로 내 잘못이다. 그래도 변명할 건 해야겠다. 이 모든 것을 책임져야 할 사람은 게임 회사라고. 어른답지 못한, 나의 섣부른 행동은 그 책임 이후의 것이라고. '아들을 왜 막지 못했느냐?'고 함부로 묻지 않기를 바란다. 게임 회사가 우리 아이들을 다루는 솜씨는 엄마 아빠의 우려쯤은 가볍게 뭉개버리고도 남을 정도이니 말이다. 게임 회사는 평화로웠던 한 가정을 유린한 가정파괴범이나 다름없었다. 우선 아들의 게임 때문에 부부 사이는 험악해졌다.

"쟤가 저 모양이 될 때까지 도대체 뭐한 거야?"

"어떻게 24시간 졸졸 쫓아다니면서 통제해?"

초조함과 갑갑함이 커질수록 서로에게 책임을 전가하는 일이 빈번해졌다. 거친 말이 오갔고 둘째 아들과 막내딸은 냉랭해진 집안 분위기를 감당해야 했다.

하지만 가장 큰 문제는 첫째 아들이었다. '잘 생기고, 잘 웃고, 종알종알 말도 잘했던' 첫째의 얼굴에서 어느 순간 표정이 없어졌다. 반항적인 모습을 보였고, 엄마 아빠의 접근조차 허락하질 않았다.

나 역시 변했다. 아들의 환한 얼굴을 보면서 보람과 행복을 느끼던 나였는데 언제부터인가 의심과 불안의 눈초리로 아들을 감시하게 되었다. 아들이 마음에 안 드는 행동을 하면 게임과 연결해서 비꼬아 보게 되었고, 아이답지 않은 말은 게임 탓으로 결론 내렸다. 불만 가득한 아들의 얼굴과 의심만 남은 아빠의 모습…. 내가 생각하던 믿음과 사랑으로 꽉 찬 따뜻한 가정은 사라지고 없었다.

당시 나는 잠을 제대로 못 잤다. 핸드폰을 처음 사줄 때 환했던 아들의 표정이 몇 달 되지도 않아 냉정하기 이를 데 없는 모습이 된 것이 모두 내 탓처럼 느껴졌다. '내가 무슨 짓을 한 것일까?' 후회뿐이었다.

게임을 바라보는
네 가지 유형

게임과 관련된 논문을 파고들었다. 아들의 게임 중독에 골머리를 앓을 때였을 것이다. 2013년의 연구였는데 연구자는 온라인 게임에 대한 인식을 네 가지 유형으로 분류했다. 자녀의 게임에 대해 부모가 어떻게 생각하는지에 대한 것이었는데 아래에 그 내용을 소개해보려고 한다.

유형 1 | 게임은 공부의 방해물이다

일명 '중산층 대졸자 부모형'이다. 이들은 자녀의 성적을 관리하는 것이 부모의 마땅한 의무라고 생각하며 우리 애가 머리는 좋은데 게임에 빠져서 공부를 안 한다고 생각하는 유형이다.

유형 2 | 게임은 단지 게임일 뿐이다

일명 '게임 좋아하는 삼촌형'이다. 게임 개발자들의 의견이 바로 여기에 해당한다. 게임 자체는 어디까지나 중립적인 역할을 할 뿐이라고 말한다.

---

* 김지연 등, 2013, 온라인 게임에 대한 인식유형과 그 특성에 관한 연구, 게임학회지, 13(4)

일명 '게임 중독 전향자형'이다. 여성가족부나 학부모 단체 등의 입장이다. 여기서는 게임을 사람을 황폐화하는 불가항력적 중독 요인으로 보고 있으며, 가정교육으로는 해결이 안 되고 정부가 강제적으로 개입해야 한다고 믿는다.

일명 '보수적 시민 단체형'이다. 게임을 안 하는 사람들이 이쪽에 해당한다. 입장이 가장 온건하고 단호성도 떨어지며, 반대하는 이유는 고작 'PC방 가면 나쁜 친구들이랑 어울리니까' 정도다.

나부터 인정해야겠다. 나는 사실 '게임 좋아하는 삼촌형'이었다. IT 회사에 다니면서 게임 관련 업무를 많이 해서인지 더더욱 별생각이 없었는지도 모르겠다. 세상을 몰랐다. 게임을 몰랐고 아들을 너무 믿었다. 멀쩡하게 제 할 일을 하는 게임 회사 사람들을 흔히 만났다. 너무 흔하게 봐서 게임 회사의 힘을 생각 못 했다. 그 결과, 아들은 게임 중독에 걸렸다.

게임 따위, 아들에게 "이제 그만해!"라고 말하면 아들이

"네, 알겠습니다"라고 말하고 따를 줄 알았다. 아빠로서의 부끄러운 흑역사다. 게임에 대해 별생각 안 해본 죄로 우리 가족은 호된 대가를 치러야 했다.

요즘 아이들이
꿈꾸는 직업은

아들의 미래, 아들의 꿈이 궁금했다. 직접 물어보는 것이 민망했다. 에둘러 질문했다.

"요즘 중학생들에게 인기 있는 직업이 뭐니?"

부모가 세뇌해서 어쩔 수 없이 생각하게 된 직업 -공무원, 의사, 변호사 등- 말고 아이들이 좋아하는, 그러니까 진짜로 하고 싶어 하는 직업은 무엇인지 궁금하기도 했다. 첫째 아들이 중학교 1학년 때의 일이다. 돌아온 답변은?

"의사, 판사… 아니면 유튜버나 프로게이머일걸요?"

공부 좀 하는 남자아이들이 의사, 변호사를 미래의 꿈으로 꼽는 건 여전했다. 하지만 인기 있는 직업이 유튜버?

벌써 4~5년 전의 일이니 아들의 말에 귀를 기울이지 않았던 내가 아쉽다. 아들의 조언(?)을 새겨듣고 유튜버로 나섰어야 했는데. 그게 '먹방'이든, '벗방'이든 뭐든. 직업에 귀천이 어디 있는가. 마찬가지다. 유튜버에 귀천이 어디 있는가. 법적인 범위 내에서 조회 숫자 많이 올리고 수익금 많이 받아내면 되는 것 아닌가. 여튼, 세상의 변화에 적응하려면 노력이 필요함을 느꼈다. 차라리 그때 내가 게임 회사로 이직하거나, 이력서를 돌려서라도 유튜브나 크리에이터 회사라도 들어갔어야… 요즘 아이들 말로 '쌉소리' 아니 '쌉생각'이긴 하지만.

어쨌거나 아이들은 왜 유튜버, 프로게이머를 미래 직업 1순위로 꼽았던 걸까. 이유는 단순하다.

'본 게 그것뿐이다!'

눈 뜨고 일어나서 가장 먼저 본 건 부모의 얼굴이 아니라 유튜브다. 눈 감기 전에 마지막으로 하고 잔 것은 '클래시 클랜' 등 게임이고. 아이들이 스마트폰으로 뭘 하고 있는지 슬쩍 들여다보라. 십중팔구 유튜브 시청 아니면 게임이다.

아들이 학교에 다녀와서 집에서 가장 첫 번째로 하려는 것은 게임이었고 하루 일과가 끝나고 잠자리에 들기 전 마지막으로 하고 싶은 것도 게임이었다. 아들은 게임을 하거나, 게임 유튜브를 보았다. 그래서였을까. 게임 전쟁이 한창이던 그때도 아들은 당당히 말했다.

"프로게이머가 되고 싶어요!"

황당해하는 아빠를 흘낏 본 아들, 한마디를 더했다.

"프로게이머 연봉이 10억도 넘는다던데⋯."

프로게이머나 유튜버가 나쁘다는 게 아니다. 유튜브가 자기 PR의 유용한 도구 중 하나라는 것만큼은 나 역시도 인정한다. 지금 중학교 3학년인 둘째 아들은 자기 친구 중 한

명이 이미 유튜버라고 했다. 자신의 평범한 일상을 올리고 있는데 구독자가 2만 명이 넘는다나? 나름대로 수익도 들어오고, 그 친구의 가족 역시 적극적으로 지원해준다는 말을 했다. 어쩌면 그 친구는 자신의 꿈을 '지금, 여기'에서 실현하고 있는지도 모르겠다. 박수를 보내고 싶다.

하지만 유튜브를 보는 것과 유튜브 기획자가 되는 건 다른 일이다. 나? 아들이 유튜브를 보지 않고, 유튜브 채널을 운영해보겠다고 하면 적극적으로 지원해줄 생각이 있다. 아들이 자신의 콘텐츠를 만들어 유튜브에 올린다면 그것을 마다하지 않을 것 같다.(건강한 게시물이어야 한다는 조건은 있겠지만) 그러나 아들이 유튜브 알고리즘이 추천해주는 영상들을 '멍하니' 보면서 소중한 시간을 보내고 있다면 그건 막고 싶다. 유튜브를 '그냥 보는 것'과 자기 채널을 만들기 위해 경쟁 채널을 분석하면서 보는 것은 전혀 다른 영역이기 때문이다.

마찬가지다. 프로게이머? 바늘구멍 같은 경쟁률은 일단 논외로 하자. 사실 아이들도 안다. 자기 위치가 어느 정도인지. 게임은 매번 숫자로, 등수로, 레벨로 아이들을 자극한다. 중학교 3학년인 둘째 역시 한창 게임에 빠져 있을 때도 프로게이머가 되고 싶지는 않다고 했다. 왜냐하면 그렇게까지 못

할 걸 스스로 아니까.

그랬다. 아이들은 미래를 위한 꿈으로서 '프로게이머'가 아니라 지금 현실에서 도피하고 싶은 마음에서 '그냥 게이머'를 하고 싶었을 뿐이다. 얼마 전 이제는 게임을 하지 않는 첫째 아들에게 물어봤다.

"그때 프로게이머 한다더니 왜 시작도 안 했어?"

아들은 대답했다.

"두 가지 이유였는데요, 첫째는 최고가 될 수 없을 것 같아서고요, 둘째는 수명이 짧을 것 같아서요."

이렇게 잘 알고 있었다니! 아들의 지적 성숙도와 지혜는 생각보다 가파르게 성장하고 있었다. 하지만 게임 회사가 아들의 성숙도를 앞질러 당장 오늘의 '게임질'을 하도록 유혹하고 있었다는 게 문제였다.

혹시 게임 회사에
입사할 수 있을까

요즘 개발자의 몸값이 상한가다. 판교 IT 회사들이 억 단위로 돈을 주고 개발자를 경쟁사로부터 뺏는 경우가 비일비재하단다. 게임을 해서 게임 코드를, 게임의 그래픽 디자인을, 게임에 사용되는 언어를 구현할 수 있다면 얼마나 좋을까. 그래서인지 착각하는 부모들이 많다.

"우리 아들이 게임을 좋아하니 나중에 게임 회사에 들어가면 되지 않을까?"

그렇게 믿고 싶은 부모의 마음, 이해하고도 남는다. 하지만 게임 회사에서 뽑는 사람들이 게임을 잘하는 아이들일까? 아이들도, 부모들도 게임을 잘하면 게임 기획, 게임 프로그래밍에 도움이 될 거라고, 그래서 게임 회사에 들어갈 때 유리하다고 믿고 싶을 것이다. 하지만 현실은? 전혀 다르다.

"게임을 잘하면 게임의 코드를 배울 수 있나요?"

"게임을 잘하면 화려한 컴퓨터 게임의 그래픽 디자인을 구현할 수 있나요?"

"게임을 잘하면 게임에 사용되는 언어를 활용할 수 있게 되나요?"

대답은 모두 '노No'다. 나는 그동안 IT 관련 대기업에서 밥벌이를 해왔다. 그러다 보니 게임 회사 사람들을 다양하게 만날 수 있었다. 물론 게임 회사에도 여러 부서가 있으니 프로게이머가 속해 있는 곳도 있을지 모른다. 하지만 결론부터 말하면 그들이 게임 회사에 근무한다고 해도 게임 회사 전 직원 중 1퍼센트도 안 될 것은 확실하다.

게임 회사 회장이 게임 캐릭터 레벨을 올리느라 밤을 새울 리 없다는 걸 누구나 안다. 그는 인기 게임의 유저들에게 어떻게 더 '현질'을 시킬지, 다음에 출시할 게임을 어떻게 더 매력적으로 만들어 유저들을 많이 끌어모을지에 훨씬 관심이 많다.

게임을 잘하면 게임 회사에 입사할 수 있을지도 모른다는 생각은, 축구 게임을 잘하면 세계적인 축구선수가 되는 데 도움이 될 거라는 허무맹랑한 상상과 다를 바 없다. 물론 미래에는 네트워크와 가상현실의 발달로 실제 비행기를 운전해보지 않은 사람이 가상의 시뮬레이션만으로 조종사가 되는 날이 올 수도 있다. 하지만 최소한 지금은 아니다. 만약 한 항공사에서 "우리 회사 조종사들은 모두 최첨단 시뮬레이션 디지털 항공 실습으로 양성되었습니다. 실전이요? 그런 거 필요없어요. 최첨단이거든요!"라고 홍보한다면 그 비행기를 안심하고 탈 수 있을까?

게다가 게임 회사는 만만하게 볼 곳이 아니다. 우리나라 게임 회사는 이미 세계적인 기업이 되었다. 매출 1조가 넘어가는 회사를 쉽게 찾아볼 수 있다. 그 회사들의 영업이익을 확인해보면 더 놀랍다. 삼성, SK, LG 소위 재벌회사들, 그들의 영업이익을 부끄럽게 만드는 회사들이 바로 게임 회사다.

그러니 연봉이 높을 수밖에. 이런 회사에 입사하기 위해서 프로게이머 수준으로 게임을 하면 도움이 될까? 순진하기 이를 데 없는 발상이다. 몇 년 전, 취업 관련 기사에서 '게임 회사에 취업하는 법'에 대한 Q&A를 본 적 있다.

"게임 회사에 들어갈 때, 게임을 많이 해본 경험이 도움이 될까요?"

질문자의 질문에, 국내 최대 게임 기업에 재직 중이던 인사담당자가 대답했다.

"관련된 학교 공부 열심히 하고, 맡고 싶은 직무에 필요한 능력을 갖추고, 지원하는 회사와 지원한 업무에 대해 잘 이해하고 있는 게 가장 중요하죠. 그걸 다 갖췄는데 게임까지 해봤다면 훌륭하죠."

게임 잘하는 사람이 아니라, 게임도 잘하는 사람, 게임도 잘 아는 사람이 게임 회사에 들어간다.

게임이 산업이라고?

게임 중독을 질병으로 지정할 수 있다는 이야기가 몇 년 전에 처음 나왔을 때 언론에서 쏟아내던 기사 제목이다.

'중국 게임산업의 비약적인 성장에 몰리는 한국 게임업계'
'게임산업에 대한 지나친 규제 문제'
'게임을 마약으로 보는 선입견'
'게임산업의 후퇴'

게임이 산업이라고? 아이들의 영혼을 갉아먹고 부모와 자녀의 관계를 망치는 게임이 산업이라고? 게임이 산업이기 때문에 보호해야 한다고?

한창 게임을 두고 아들과 전쟁을 치를 때는 이런 부정적 마음이 가득했다. 악담을 퍼붓는 것 같아서 미안(하다고 솔직히 생각하지 않는다)하지만 게임을 산업이라고 부르는 것조차 개인적으로는 싫다. 게임이 산업이면 도박과 마약도 산업이다.

솔직히 말해 카지노는 산업이라고 해도 된다. 왜? 최소한 성인을 대상으로 하니까. 엄격하게 유아, 아동 그리고 청소년의 출입은 법적으로 제한하니까. 참고로 강원랜드는 카지노 앞에 도박중독센터 비스름한 것을 만들어 놓기라도 했다.

게임업계는 이런 것들을 시도라도 해본 적이 있는가, 뭔가 시도하는 척이라도 해봤느냐 이거다. 게임을 질병으로 규정하는 것에 대해 현대판 분서갱유니 뭐니 하면서 말도 안 되는 사자성어를 붙이기 전에, 자신들이 해야 할 최소한의 것을 먼저 해야 하지 않을까. 예를 들어 아이들의 게임 중독 문제에 대한 철저한 안전망을 구축하기 위한 논의 같은 것들 말이다.

참고로 아래는 2020년 국내 게임업계의 대표, 게임 3사 넥슨, NC소프트, 넷마블의 실적이다.

- 넥슨 : 매출 3조 1306억 원, 영업이익 1조 1907억 원 (매출과 영업이익 모두 전년 대비 18% 상승)
- 엔씨(NC)소프트 : 매출 2조 4162억 원, 영업이익 8248억 원 (매출과 영업이익 전년 대비 각각 42%, 72% 상승)
- 넷마블 : 매출 2조 4848억 원, 영업이익 2720억

이 세 회사만 산정해도 영업이익 합계가 2조 2875억 원이다.(매출이 아니라 영업이익이다!) 세 곳의 회사 창업주 혹은 CEO에게 묻고 싶다.

"그 돈으로 뭐했습니까? 우리 아이들을 위해 최소한의 성의는 보였습니까?"

하지만 정반대의 모습을 보여온 그들이었다. 최근 본 신문기사의 제목은 '굿즈 출시부터 암호화폐 투자까지… 사업 다각화 움직임 활발'이었다. 내 아들의 시간을 빼앗고, 돈을 긁어모아 남긴 어마어마한 돈으로 하는 일이 고작 '굿즈 출시'라니, '암호화폐 투자'라니. 심지어 최근 모 회사는 희귀 아이템이 나올 확률을 조작해 게임 유저, 그러니까 아이들을 상대로 '사기'를 쳤다는 사실도 밝혀졌다.(최고의 아이템을 뽑을 확률은 0에 수렴했다)

게임이 산업으로 대우받고 싶다면 역대 최대의 매출액과 타 업계 대비 경이로운 영업이익을 어디에 써야 할지 고민하는 게 먼저다. 예를 들어 서울 지하철역마다 '게임 중독 대응 센터' 정도는 번듯하게 만들어 놓아야 한다. 최소한의 양심이 있다면 으리으리한 사옥에 임직원을 위한 카페테리아를 근사하게 만들기보다, 중독에 빠진 아이들을 위해서 그 정도 돈은 써야 한다.

할 일은 하고 요구할 건 해야지 아무것도 안 하면서 산업으로서 대우를 받겠다는 건 번듯한 사옥을 가진, 성과급으로 영업이익을 펑펑 쓰는 초대형 게임 회사의 태도라고 볼 수 없다.

게임에 대해 지나치게 배타적인 것 아니냐고 말한다면 세상에서 가장 아름다운 우리 아이들을 게임의 늪에 빠지게 만든 게임 회사에 대한 지극히 소심한 저항일 뿐이라고 답하고 싶다.

도박보다 더 위협적인
가족해체의 주범

게임은 결국 중독으로 이어질 확률이 크다. WHO가 제시한 기준에 따르면 '게임 장애'는 '다른 일상생활보다 게임을 우선시하여 부정적인 결과가 발생하더라도 게임을 지속하거나 확대하는 게임 행위의 패턴'이다. 즉 다음의 세 가지에서 문제가 생기게 된다.

- 일상생활을 등한시함: 사회적 관계, 학업, 신체 활동 등한시
- 부정적인 결과: 일상생활의 부적응 혹은 회피 문제 발생
- 게임 지속 또는 확대: 원초적 자극 추구의 습관화

안타깝게도 부모들은 게임 장애의 징후를 발견하기가 쉽지 않다. 처음 한두 번이야 자녀의 게임하는 모습에 "그만해"라고 조언을 하게 되고 잔소리가 두세 번 반복되면 아들은 어느새 게임을 하지 않는 '착한 아이'로 변신한 듯 보인다. 이렇게 쉽게 안심할 수 있다면 게임 전쟁따위 일어나지 않는다. 그때부터 아들은 '어떻게 들키지 않고 게임을 할 것인가'를 고민하는 지능범이 되어버린다. 이제부터 머리가 아파진

다. 부모는 한 팀으로 '지능범 수사팀'이 되어 아들의 일거수일투족을 쫓아야 하니까. 아들의 게임은 양지에서 음지로 그 장소만 전환했을 뿐이다.

도박에 대해 생각해보자. 나는 왜 도박이 범죄인지 모르겠다. 성인이 자기 돈으로, 자기 선택으로 하는 행위인데 말이다. 혹시 사기가 개입되어 있다면 그 사기를 엄격하게 벌하면 될 것이다. 내국인을 위한 카지노가 교통 접근성이 극히 어려운 강원도 한적한 곳에 있는 것도, 게다가 그 지역 사람은 들어갈 수 없다는 것도 우습다. 치열한 경쟁에 지친 직장인들이 하루 스트레스를 풀 수 있도록 서울 한복판에도 있어야 하는 것 아닌가.

도박이 범죄인지 모르는, 무식한 나에게 누군가 이렇게 말할 것 같다.

"도박은 중독성이 심하기 때문에 한 개인뿐만 아니라, 그의 가족, 친지 등 모두의 삶을 파괴할 가능성이 대단히 크다. 따라서 접근성이라도 어렵게 해서 예상되는 사회적 문제를 줄이려고 노력을 하는 것이다."

그렇다면 게임이 그것과 뭐가 다른가? 일상생활에 지장을 줄 수 있는 질병으로 지정된 것은 도박이나 게임이나 마찬가지인데, 게임을 하는 초등학생, 중학생 아이들의 삶은 무너져도 상관없다는 말인가? 게임 중독 전후로 아들이 보인 변화, 그리고 우리 가족이 느낀 것들은 도박 중독이 일으키는 문제와 크게 다르지 않다.

돌이켜보면 첫째 아들이 '게임 중독'이 되기 전에 일으킨 문제라고 해봐야 먹을 것 갖고 동생과 싸우기, 친구와의 사소한 티격태격, 그 정도였다. 아무리 기억을 되돌려봐도 채소를 안 먹겠다는 투정, 학원 가는 것이 싫다는 보챔 같은 사소한 문제, 아니 문제라고도 할 수 없는 일상적인 일들 뿐이었다. 대화로 풀 수 없는 문제는 없었다. 하지만 게임 중독은 가족의 평화를 정조준했다.

아들 하나의 문제가 아니라 부모 자식 문제, 더 나아가 부부 갈등으로 치달았다. 숨어서까지 게임을 하는 아들의 모습에 나는 절망했고, 침대 밑에서 공기계를 발견하고 아내는 눈물을 흘렸다. 결국 나와 아내는 첫째 아들을 그렇게 만든 책임을 물으며 서로를 원망하고 괴로워했다. 게다가 아무 잘못 없는 둘째와 셋째까지 미리 감시하느라 하루하루를 소진해버렸다.

그 전엔? 나름대로 아름다운 가족이었다. 그러던 어느

날 난데없이 갈등이 생겼고 그 갈등의 탈출구는 보이질 않았다. 어떻게든 이 전쟁을 끝내보려 할 때 정작 이 문제를 일으킨 주범인 게임 회사는 관여하지 않았다. 대부분의 성인 도박 중독자들은 국가가 관리해주는데, 어린이들의 시간을 담보로 하고 있는 게임 중독은 누구도 책임지지 않는다. 도리어 셧다운제라는, 그나마 청소년 게임 시간을 제한해둔 제도조차 해제한단다.

게임으로 돈방석에 앉은 사람들, 사람들에게 'OO형'이라고 불리고 광고에도 등장하며, 거대 기업의 수장이라며 온갖 멋진 척 다하는 게임업계 리더들에게 묻고 싶다.

"초등학생 혹은 중학생인 당신의 아들에게도 당신이 만든 게임을 끝도 없이 하게 권하는가?"

나는 그것이 알고 싶다.

게임 회사 사장 자녀도
게임을 할까?

빌 게이츠, 스티브 잡스, 랜디 주커버그, 이 세 명의 공통점은 무엇일까?(랜디 주커버그는 페이스북 창업주인 마크 주커버그의 누나이자 2011년까지 페이스북의 마케팅 이사로 일했다) 정보통신 분야에서 일하면서 떼돈을 번 사람들? 그렇다. 그 외의 공통점은? 자신의 자녀들에게 스마트폰을 비롯한 디지털기기를 엄격하게 금지하고 있는 부모들이라는 것이다. 스티브 잡스에 관한 이야기다.

> "스티브 잡스가 2010년 아이패드를 처음 발표했을 때의 <뉴욕타임스> 인터뷰가 생각나네요. 비범한 녀석을 만들었다고 자찬하다가, 당신 아이들도 좋아하냐는 갑작스러운 질문에 내 아이들에게는 전자기기 사용을 허락하지 않는다고 털어놨다는 일화 말입니다."

스마트폰의 고향이라는 미국 실리콘밸리에서는 이미 이런 흐름이 기본이다.

---

* 출처: <조선일보> 2017년 12월 29일

실리콘밸리의 발도르프 학교에서는 아이들의 디지털 기기 사용을 엄격하게 제한하고 있다. 놀라운 점은 이곳 학부모의 75%가 IT업계 종사자라는 것이다. 아이들의 디지털 기기 사용을 제한하는 움직임은 학교뿐만 아니라 가정에서까지 이어지고 있다. 이곳 부모들은 보모들에게 디지털 기기의 사용을 제한하라고 요구하며 계약서에 조항까지 넣는다고 한다.*

'부모가 보모들에게 디지털 기기의 사용을 제한하라고 요구'한다는 부분이 강렬했다. 세계 최고 IT 회사들이 모인 실리콘밸리에서 밤낮으로 일하느라 집을 비우는 시간이 긴 부모들은, 자신들의 아이 돌봄을 위해 채용한 보모들의 스마트폰 사용 시간까지 제한하고 있다. 그들의 고민과 선택에 주목할 필요가 있다. 게임 얘기를 하다가 왜 스마트폰 이야기를 하고 있냐면, 앞서 말했다시피 요즘 아이들의 게임 중독이 스마트폰에서 시작되기 때문이다.

• 출처: <이데일리> 2018년 12월 2일

괜찮은(?) 스마트폰 하나만 있으면 아이들은 '게임 중독'이 될, '게임 장애'라는 '질병'에 걸릴 준비를 완벽하게 마친 셈이다. 40~50대 부모들은 '게임=PC방'이라는 물리적 공간만을 머리에 떠올린다. 나 역시 그랬다. 이제는 안다. 그 세상 어느 것보다 유혹적이고 가기 쉬운 'PC방'은 아이 손 안의 스마트폰 안에 있음을.

참고로 〈이웃집 토토로〉와 〈센과 치히로의 행방불명〉 등을 만든 일본 애니메이션 감독 '미야자키 하야오'의 이야기를 들어보자.

어린이가 여섯 살이 되기 전에는 TV도 보여줘선 안 됩니다. 현실과 TV 속의 것들을 제대로 구분하지 못하는 나이이기 때문이죠. 영상으로 장사하며 이런 말을 하는 게 딜레마이기는 하지만요.

여섯 살의 TV, 열 살의 스마트폰과 게임, 과연 어느 것이 더 위험할까. 꼭 한번 생각해볼 일이다.

나쁜 약은 달콤하다

학계의 전문가라는 사람이 한 언론사와의 인터뷰에서 이런 이야기를 했다.

"아이들이 게임 속의 언어를 현실에서 쓰는 건 과몰입 때문이다. 게임 자체의 문제가 아니다. 오히려 게임은 괜찮은 학습 도구다. 독서로 사고력을 키워왔듯, 게임으로도 논리력과 창의력을 키울 수 있다."

웃음만 나온다. 그분에게 자녀가, 특히 초중등 아들이 있다면 물어보고 싶다. 아들이 게임이 잘 안 돌아가는 폰을 가진 친구에게 '애자냐?', '니 폰 쓰레기', '느금마' 등이라고 말하는 순간을 마주할 때도 평정심을 지킬 수 있을지 말이다.(그렇다면 부디 게임만으로 논리력과 창의력을 키워 좋은 대학 보낸 뒤 책 한 권 꼭 써주기를 부탁드린다)

암에 걸려 항암제를 맞는 사람의 고통은 당해보지 않은 사람은 알지 못한다. 도박 중독으로 가족이 해체 위기에 몰린 집안의 불행을 함부로 이야기해서는 안 된다. 마찬가지다. 게임 중독으로 부모와 자녀 관계가 엉망이 되어버린 상황에 처해보지 않은 사람은 모른다. 모르면 그냥 입 다물고 있으면 좋겠다. 물론 말하는 사람이 해법을 안다면 괜찮지만, 게임을 옹호하는 사람 중에 청소년 게임 중독 문제에 관한 한 제대로 된 솔루션을 하나라도 제시한 사람, 나의 좁은 식견 탓인지 모르겠으나, 아직 본 적이 없다.

　게임 중독이 사회적 문제가 되자 이런 논리가 판을 친 적이 있다.

- 전 세계에서 온라인·모바일·콘솔 등 다양한 방식으로 게임을 즐기는 이용자들은 약 20억 명에 달한다.(20억 명이 일상적으로 즐기는 문화콘텐츠를 '질병'으로 분류할 수 없다)
- 제4차 산업혁명의 한 축인 게임산업 종사자들에게 '질병 유발 물질 생산자'라는 오명을 지울 수는 없다.

　몇 년 전 한국의 게임 관련 협회에서 'WHO의 게임 질병화 시도'를 '단호하게 반대하고 즉각적 철회를 촉구'하면서 내세운 논리다. 그 논리에 특별히 옳다, 그르다를 함부로 말할 능력이 나에게는 없다. 아니 이분들의 말씀이 상식적으로 인정받아 마땅할지도 모르겠다. 다만 게임 전쟁의 한복판에서 산전 수전 공중전을 겪은 아빠로서 게임 관련 협회의 장및 구성원들에게 물어보고 싶은 게 있다. 세 가지다.

- 첫째, 초등학교나 중학교에 재학 중인 자녀가 있는가?
- 둘째, 그렇다면 자녀에게 스마트폰 게임(모바일 게임)을 자유롭게 허용하는가?
- 셋째, 그렇다면 자녀가 게임을 할 때 흐뭇한 표정으로 바라보고 있는가?

이 세 가지 질문에 대한 답변을 간절히 듣고 싶다. 위의 대답 중 하나라도 '예스'라고 그들이 대답한다면 다음의 기사를 두고 이야기 나누고 싶다.

"게임 그만해" 꾸짖는 母 흉기로 찌른 10살짜리 아들 '충격'
어머니가 컴퓨터 게임을 그만하라고 꾸짖자 흉기를 휘두른 초등학생 아들이 경찰에 붙잡혔다. 인천 논현 경찰서는 27일 특수상해 혐의로 A(10)군을 수사하고 있다고 밝혔다. A군은 전날 오후 9시 55분께 인천시 남동구 한 아파트에서 어머니 B(41)씨를 흉기로 찔러 다치게 한 혐의를 받고 있다. 다만 A군은 만 10세 이상, 14세 미만에 해당하는 촉법소년이어서 형사책임은 물을 수 없다. B씨는 어깨 등을 다쳐 인근 병원으로 옮겨졌으며 A군도 몸싸움 과정에서 타박상을 입어 치료를 받았다. A군은 B씨가 컴퓨터 게임을 그만하라며 꾸짖자 화가 나 범행을 저질렀다고 진술한 것으로 알려졌다. 경찰은 A군과 B씨를 상대로 정확한 사건 경위를 조사할 예정이다.*

이쯤에서 한창 게임 중독이 WHO 등에 의해 질병화 대상에 오르자 국내 최대 게임업체 몇 곳에서 SNS 계정에 올렸던 태그가 생각난다.

#게임은문화입니다 #질병이아닙니다

---

* 출처: <한경닷컴> 2021년 5월 27일

웃음만 나온다. 내 SNS 계정에 이렇게 올리고 싶다.

#게임회사는도덕이없다 #게임회사는탐욕만있을
뿐이다 #게임중독과싸우는가장좋은방법은예방
이다

퀘스트라는 끝없는 늪

왜 사람들은 게임의 노예가 되어버리는 걸까. 게임 회사에는 분명 심리학 전공자들이 많이 있을 것이다. 사람들의 심리를 교묘하게 활용해서 게임에 중독되게 만드는 음모가 있을 것이라는 게 나의 (합리적인) 의심이다.

예를 들어 게임은 아이들에게 새로운(?) 삶의 목적을 제공하는 듯하다. 부모가 아무리 자식에게 알려주려고 노력해도 잘 안 되는 게 삶의 목적, 미래 목표 세우기다. 그걸 게임 회사는 손쉽게 해낸다. 어떻게 그게 가능하단 말인가!

요즘 게임은 플레이어들의 성취욕을 충분히 충족시켜준다. 정해진 장소로 가서 보물을 찾거나, 악당을 찾아 섬멸하는 등의 크고 작은 '퀘스트'라는 과제를 주고, 이를 해내면 레벨을 올려주거나 희귀 아이템 등을 지급한다. 또한 이러한 퀘스트를 최대한 자주, 겹치게, 질리지 않도록 만들어 중간에 게임을 끄고 빠져나오기 더욱 힘들게 만든다.

과제는 점차 어려워지고, 더 큰 보상이 주어진다. 보상을 받은 아이의 뇌는 기분 좋은 자극을 받는다. 새로운 목적의식이 계속해서 생성된다. 새로운 스테이지가 열리고, 캐릭터가 강력해지는 것이 눈에 보인다. 일상에서는 잘 느끼지 못하는 성취감을 지속적으로 맛보게 되니 쾌감을 더욱 갈구하게 되는 셈이다.

스릴, 도전 그리고 성취. 이 모든 것을 게임 하나로 얻을 수 있으니 미숙한 아이들은 당연히 자신의 시간을 아낌없이 바칠 수밖에 없다. 그냥 보여주는 대로 받아들여야 하는 방송 프로그램이나 영화처럼 수동적인 것도 아니다. 자기 자신의 스마트한 '문제 해결력'과 적극적인 '도전 정신'을 통해 게임 속 아바타를 강화시키며 가상의 자아를 형성하는 과정이 반복된다. 이 얼마나 짜릿한 일인가! 철저히 설계된 세상 속에서 움직이는 '말'이 된 줄도 모른 채 말이다. 또 하나 아이들을 매혹시키는 건 바로, '무슨 일을 해도 현실의 나는 죽지 않는다'는 것이다. 아이들은 날고 총을 쏘고 서로를 죽이며 스릴을 만끽한다.

이쯤 되면 이미 아빠와 엄마의 아들 딸이 아닌 게임 속의 캐릭터로 변해버린 뒤다. 일상 속 자신보다 게임 속 캐릭터가 더 자랑스럽고, 일상 속 공간보다 게임 속 세상이 더 친숙하다. 그런데 그곳에 가는 걸 누군가 방해한다면? 붙잡는 사람이 자신을 가장 사랑하는 부모라고 하더라도, 아이에게는 더 좋은 곳에 가지 못하게 발목을 잡는 불편한 존재 그 이상도 이하도 아니게 된다.

내 아들도 그랬다. 언젠가부터, 그러니까 게임에 빠지게 된 그 순간부터 가족 외식 때 먹는 소고기보다, 엄마 아빠가 집을 비웠을 때 먹는 컵라면 한 그릇을 백 배 이상 맛있다고 느꼈다. 그렇게 아들은 가족으로부터 이탈을 시도했다.

사육되는 아이들

게임에 열중하는 아들을 보면서 '나도 어릴 때 저랬었지'라고 생각만 하고 있는 부모들, 칭얼대지 않고 혼자 묵묵히 스마트폰 게임에 열중하는 아이를 바라만 보고 있는 부모들은 '부모 역할 직무유기'인 셈이다. 더 나아가 '프로게이머는 억대 연봉을 받는다는데, 내 아들도 지원해줄까?'라고 생각한다면, 세상을 너무 쉽게 보고 있는 것이다.

'프로(페셔널)' 가수는 돈을 받고 노래를 한다. 하지만 나 같은 '아마추어'는 돈을 내야 노래를 할 수 있다. 그것도 몇 명 모이지도 못하는 노래방에서. 직업에 '프로'가 붙으면 돈을 받게 된다. 누군가의 돈을 받는다는 건 생존과 관련된 일이다. 즉 '프로게이머' 역시 게임에 자신의 생존을 건 사람들이다. 만만하게 보이는가? 절대 아무나 할 수 있는 일이 아니다.

프로게이머 팀을 운영하는 사람에게 '어떤 아이가 프로게이머로 성공하는지' 직접 묻자 이런 대답이 돌아왔다.

"시간 정해놓고 규칙적으로 연습하고, 복습하고, 건강관리하고, 자기관리 잘하는 아이요. 학교 다닐 때 가방 미리 싸놓고 노는 아이, 시키지 않아도 시간표 짜서 시험 준비하는 아이요."

어린 나이지만 자기관리를 잘하는 아이가 프로게이머

로서도 성공한다는 이야기다. 그는 '그런 아이들은 맘만 먹으면 서울대도 갈 수 있을 것'이라고 덧붙였다.

어떤가. 내 아이가 그런 아이인지 아닌지는 부모가 더 잘 알 것이다. 사실 게임에 뛰어난 재능이 있어도 끝까지 프로게이머 자리를 지키는 아이들은 많지 않다고 한다. 기껏 고생해서 프로게이머가 되고도 친구들이랑 놀고 싶어서, 여자 친구가 생겨서 일탈하는 경우도 많다.

힘든 건 그뿐이 아니다. 프로게이머들의 음식을 책임지시는 분이 한 얘기를 듣게 되었는데 그중 몇 가지만 여기에 적어본다.

"아이들의 입맛이 문제였어요. 처음에는 '청소년기 아이들이 먹는 것이니 몸에 좋은 건강한 음식을 해주자' 하고 만들었던 반찬은 모두 쓰레기통으로 들어갔어요. 아이들은 라면, 떡볶이, 소시지 같은 인스턴트 식품만 좋아했어요.

특히 속상했던 점은 정수기도 있고, 생수가 박스로 쌓여 있어도 애들이 콜라 같은 음료수만 마신다는 거였어요. 그뿐인가요. 밤늦게까지 연습하면서 배가 고프니 새벽마다 치킨이며 햄버거며 하루도 안 빼놓고 야식을 시켜 먹어요. 그리고 바로 자는 모습을 보는 건 자식 가진 엄마로서 고통이었어요."

"키가 170cm에서 고만고만인 아이들이, 몸무게는 80~90kg을 넘어서게 되니 복부비만을 넘어 고도비만 판정을 받았어요. 밥 먹고 자는 시간 빼놓고는 계속 컴퓨터 앞에 앉아서 움직이지도 않고 있으니 그 살들이 어딜 가겠어요."

이 아이들의 모습은 높은 연봉을 자랑하는 화려한 프로게이머의 모습과 대비되어 더욱 안쓰럽다. 이건 합법적 사육이 아닌가, 하는 생각이 들 정도다. 물론 이는 프로게이머만의 문제는 아닐 것이다. 담배를 하루에 한 갑을 피워야 글을 쓸 수 있다는 작가, 극한의 다이어트를 해야 하는 패션모델 등 자신의 건강을 해치는 일을 할 수밖에 없는 경우가 세상에는 무수히 많으니까. 하지만 이렇게 자신의 건강을 해치면서까지 프로게이머가 되려는 사람들이 주로 아이들이라는 게 문제다.

부모의 역할이란 무엇인가. 물론 자녀에게 자유를 주는 것도 중요하다. 하지만 그보다 더 중요한 건 아직 세상과 정면으로 마주하지 못한 착한 아이들을 야성적 충동에서 보호하는 것이 아닐까. 게임에 이끌려가는 아이들을 방치하고 있다면 그건 부모의 의무를 다하지 않고 있는 것으로 봐야 한다.

게임 회사가
유저에게 원하는 것

아들을 보면서 특히 우려되었던 점은 '혹시 실제 생활과 가상의 게임 세계를 구분하지 못하지 않을까' 하는 것이었다. 일상의 시간을 게임의 시간으로 소비하면서 정작 '진짜 내'가 살아가야 할 시간과 공간을 게임 세상과 혼동해서 생각하지 않을까 하는 걱정이 들었다.

아들은 현실 속 사람들보다 게임 속 캐릭터와 함께하는 시간을 즐겼다. 결국 '허위의 자기실현'을 하며 실제의 그것과 혼동하기에 이르렀던 것 같다. 아들은 현실에서 만족하는 방법을 찾는 것을 더욱 게을리하게 되었다. 게임에서 충분히 채울 수 있었으니 말이다. 경쟁이 시작되는 초등학교 고학년이 된 후 받게 된 스트레스의 도피처로 게임 속 세상을 찾는 듯했다. 아들은 자신의 좌절된 욕구를 채우는 쾌락의 장소로 게임을 선택한 것이다.

결국 이는 현실 세계의 아들의 공간과 시간을 붕괴시켜버렸다. 아들에게 있어서 건강하고 진실한 일상의 관계는 불필요해 보였다. 아들은 시간과 돈을 투입하면서 가상 세계 속의 자신과 게임 세상 속 관계에 더욱 집착했다. 그리고 그것을 '진짜 관계'라고 믿었다.

게임 회사는 냉정하다. 아이들이 사회가 원하는 인재가 되기를 원하는 게 아니라, 게임에 시간을 더 많이 쓰는 게임 중독자가 되기를 원한다. 어떻게 하면 게임 속 공간에서 아이들이 시간 감각을 잊어버릴까, 어떻게 하면 아이들이 게임 아이템에 돈을 쓰게 할 건지, 오직 그것만 연구한다. '중독과 돈', 딱 그것이 게임 회사가 추구하는 목표다.

아마 게임 회사는 말할 것이다.

'학업 스트레스에 지친 아이들이 잠시 게임을 즐기는 게 뭐가 어때서요? 지나치게 게임을 한다면 부모님들이 잘 통제해주셨어야죠!'

뛰어가다가 넘어져서 무릎에 상처 난 아이에게 마약을 투여해주고, 거기에 그치지 않고 마약을 보다 손쉽게 얻는 다양한 방법을 알려준 뒤 적반하장격으로 '마약의 관리와 사용은 부모가 책임져야죠!'라고 말하는 것과 도대체 무엇이 다른 걸까. 악마도 이런 악마가 따로 없다.

2 | 시간 개념의 소멸

내가 유난스러운 걸까? 아무리 생각해도 나는 보통의 부모와 다르지 않았다. 전교 1등, 반에서 1등을 바라는 것도 아니었다. 아이들을 위해 무리해서 교육 여건이 보다 좋은 곳으로 이사했지만, 우리 부부는 우리가 할 수 있는 최선을 다할 뿐, 아이들에게 괜한 기대를 하거나 부담을 주지 않으려고 했다. 꼭 공부가 아니어도 아이가 열중하는 게 생기면, 아이가 꿈꾸는 게 있다고 하면 응원할 참이었다.

게임? 솔직히 말하면 자기가 해야 할 최소한의 할 일만 스스로 한다면, 다만 언제라도 공부할 마음이 생겼을 때 뒤따라갈 최소한의 기본기만 갖추고 있다면 나는 언제든 게임과 타협할 준비가 되어 있는 아빠였다.

하지만 게임은 이 정도의 기대조차도 허락하지 않았다. 게임 회사에는 '게임 or Nothing'의 신념만 있어 보였다. 게임이 아닌 다른 것들을 포기하지 않고서는 게임에 몰입할 수 없게 만드는 치밀한 설계는 그 자체로 등골이 서늘할 정도다. 고작 열 살 남짓한 아이가 뭘 알겠는가. 똑똑한 어른들이 촘촘하게 설계한 대로 게임을 위해 다른 모든 것을 기꺼이 바칠 준비를 나의 아들은 하고 있었다. 자신의 미래를 향한 꿈, 현재의 성장을 위한 공부, 가족과의 관계 모두. 게임 이외에는 아무것에도 관심이 없었으니 말이다.

나도 안다. 이제 공부만 잘한다고 쉽게 살 수 있는 세상이 아니라는 걸. 하지만 제때 공부를 안 한 사람에게 사회는 얼마나 혹독한가. 대한민국 교육과정은 생각보다 정교해서 학년별로 톱니바퀴처럼 맞물려 있다. 한순간이라도 놓치면 따라가기가 어렵다. 그런데 게임은 가장 중요한 시기에 아이들을 파고든다. 게임을 시작하는 순간 아이들의 한 시간은 이전의 한 시간이 아니라 10분이 된다. 그렇다. 시간 개념이 사라진다.

'설마… 게임 회사가 애들 시간을 빼앗으려고 그렇게까지 할까?'라고 생각하는 분을 위해 아래에 인터뷰 하나를 인용해본다. 한국 게임업계의 대표 개발자라고 불리는 분의 인터뷰다. 한국과학기술원(KAIST) 졸업 후 넥슨에서 대작(?) 게임인 '마비노기'를 만들었다는 분의 인터뷰 중 일부다.

> 패러다임이 바뀌었다. 과거엔 '유저에게 짧은 시간 내에 강한 임팩트를 주는 게' 게임 개발의 목표였다. 하지만 지금은 '유저가 최대한 시간을 오래 쓰도록 낮은 자극을 길게 쓰도록 하는 데' 주력한다."

• 출처: <중앙일보> 2019년 5월 5일

참고로 이분은 인터뷰 당시 일곱 살 딸을 뒀다고 했다. 어쩐지… 초중등 아들이 있었다면 절대 이런 말 함부로 안 했을 텐데.

아이들에게는 죄가 없다

"마약은 그걸 끊을 수 있는 시스템이 어느 정도 마련되어 있지요? 하지만 게임은 그런 게 없잖아요."

게임 중독의 터널을 벗어난 첫째 아들의 이야기다. 인정한다. 한편으론 이런 상황이 황당하다. 불법인 마약에 중독되면 치료 프로그램이 마련돼 있다. 그러나 합법인 게임에 중독되면 빠져나오고 싶어도 제대로 된 프로그램이 없다. 온갖 감언이설(이벤트 혹은 프로모션)로 아이들을 끌어모아 돈을 기하급수적으로 버는 게임 회사는 왜 이 책임에서 빠져 있는가. 게임 중독에 대한 왜 책임을 온전히 부모가 해결해야 하는 몫으로 미루느냔 말이다.

'파괴의 주체'와 '건설의 주체'가 다른 현실에 분노가 치민다. 가해자는 게임 회사인데 피해는 아이들의 몫이고 해결은 부모가 해야 한다. 이렇게 말하니 누군가는 또 그러더라.

"애들이 게임에 빠질 수도 있지. 게임에 빠졌다 한들 자기들이 알아서 시간을 조절하든가 아니면 알아서 그만둬야지. 왜 그걸 게임 회사 탓으로 돌려?"

게임에 빠진 적 없는 외동딸 키우는 아빠의 얘기였다. 이런 사람과는 대화를 안 한다. 게임에 대해 '빠졌다가 조절할 수 있는 그 무엇'이라고 말하는 것 자체가, 요즘 게임이 어떤지 모르는 무지함을 드러내는 말이니까.

솔직히 게임에 빠진 아이들은 죄가 없다. '몹쓸 게임'을 만든, 아니 정확히는 '게임을 몹쓸 것'으로 만든, 영업이익 1조에 이르는 게임 회사에 다니는 어른들의 잘못이지. 이에 게임산업이라는 이름을 붙여 온갖 미사여구를 섞어가며 옹호하는 정부와 사회도 한통속이다.

게임 회사는 영악하다. 그들은 누가 언제 어떻게 게임에 중독되는지 잘 안다. 캐릭터 레벨이 높아지면 대단한 사람이 되는 것처럼 유저들을 자극한다. 몸값 비싼 유명 연예인을 섭외해 광고를 만들고 온라인, SNS, TV, 심지어 다른 게임 속에서까지 알린다. 그걸 보고 아이들은 게임에 유입되고 또 아이템을 구매한다.

요즘 우리 아이들은 지적으로 성숙했지만 아이들의 공동체는 약해졌다. 그만큼 인정, 사랑, 격려 그리고 자아실현 욕구는 강해졌지만 아쉽게도 세상이, 학교가 그리고 부모가 이를 채워주는 것에 한계가 있다. 바로 그 틈을 게임 회사가 파고든다. 부모에게 문제가 없다는 건 아니다. 부모들은 핸드폰에서 눈을 떼지 못하면서 아이들에겐 공부만 하라고 요구하니 말이다. 아이들은 알게 모르게 모순과 절망감을 느끼면서 그것을 해소할 무엇인가를 원하게 된다. 현실에 집중하는 대신 게임 세계의 질서, 분노와 욕설, 지배적 힘에 적응해간다.

아이들에겐 죄가 없다. 책임을 추궁할 곳은 게임 회사다. 하지만 반성할 생각이 전혀 없는 게임 회사에 호소만 하면서 아이 인생을 허비하게 놔둘 수는 없다. 이제 부모가 나설 차례다.

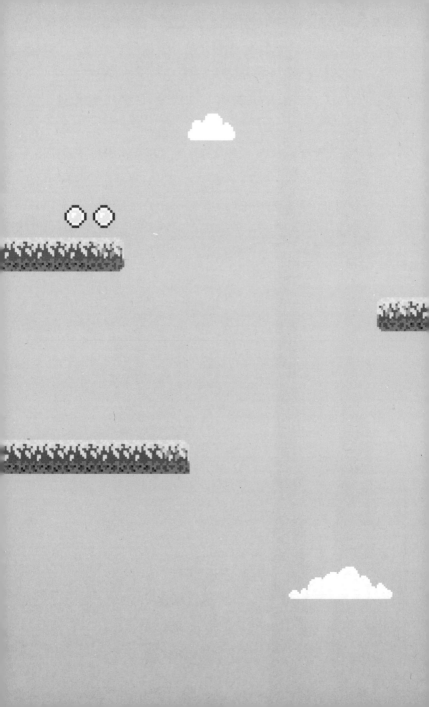

PART 3

일생에 한 번, 반드시 이겨야 할 싸움이 있다

게임 전쟁에서
승리하는 법

'딜deal'이 필요한 시간

2019년 2월 말, 아쉽게도 북미 핵 담판은 결렬됐다. 예상과 다른 결말에도 불구하고 김정은 북한 국무위원장이 도널드 트럼프 미국 대통령에게 작별 인사를 하며 환하게 웃는 모습은 일말의 희망을 남겼다. 하지만 그 이후 협상은 더뎠고 미국 대통령이 바뀐 2021년 10월 현재까지 여전히 신경전만 팽팽하다. 그런데 이때 유명해진 단어가 '하나' 있다. 바로 딜*이란 단어다.

딜이라는 단어가 처음 회자되는 건 아니었지만, 도널드 트럼프 미국 대통령이 2차 북미 정상회담에서 중간 수준의 '미들딜'도, 낮은 수준의 '스몰딜'도 아닌 협상 결렬, 즉 '노딜no deal'을 택하자 '딜'이란 단어가 부각됐다.

노딜, 소위 '미치광이madman 전략'으로 불리는 그의 파격적인 협상 스타일이 주목받았다. 북한의 구체적이고 완전한 비핵화 로드맵을 포함한 '빅딜'은 현실적으로 쉽지 않지만, 북한 영변 핵시설의 동결에

---

* 딜을 사전에서 찾아보면 ① (카드 게임에서 카드를) 돌리다 ② 미약을 거래하다 등의 뜻이 나온다.

그치는 '스몰딜' 수준의 결과를 낸다면 미국 안팎에
서 반발이 만만치 않았을 것이라는 전망이 많았다.*

그전까지 나는 '딜!'이라고 하면 '거래가 성사됐다'라는 뜻인 줄 알고 있었다. 그런데 빅딜, 스몰딜, 미들딜을 넘어 '노딜'이란 단어까지 사용되는 건 몰랐다. 솔직히 빅딜 빼고는 처음 듣는 단어들이었다. 처음 들은 단어였지만 아이들과 게임 전쟁에 적용해야 하는 태도가 바로 이것이라는 생각을 했다.

트럼프는 대통령 이전에 성공한 사업가이자 자신의 이익을 끝까지 챙기기로 유명한 협상가다. 자서전의 제목이《거래의 기술The Art of the Deal》일 정도로 협상 지략과 기술이 뛰어난 사람이다. 그가 북한의 김정은에게 행한 '기술'은 정치적으로는 다소 무례하다고 하더라도 자신의 이익을 위해 상대방의 약점을 알아내, 원하는 걸 악착같이 얻어내려는 태도는 자녀의 게임으로 골머리를 앓는 부모들이 배워볼 만한 태도이다.

그렇다면 어떤 '딜'을 아이들과 해야 할 것인가?

---

* 출처: 〈동아일보〉 2019년 3월 1일

아이가 스스로와의
싸움이라는 걸 깨닫는다

본격적인 게임 전쟁에 앞서 부모 마음만 조급해서는 안 된다는 것을 수 차례 실패를 통해 알았다.(빨리 알았다면 적어도 아들을 비난하고 의심하고, 부부가 서로의 마음에 생채기 내는 일은 줄었을 텐데) 아무리 애를 써도 부모인 우리가 자녀를 대신해서 싸울 수는 없었다. 게임 전쟁의 최전선에는 이순신 같은 아빠, 을지문덕 같은 엄마가 아닌, 창을 들고 적진을 노려보는 병사가 된 아들이 있어야 했다. 물론 장수가 엉망인데 사병이 선봉에 서서 싸울 수는 없을 것이다. 부모 역시 전략을 잘 짜서 게임 전쟁 그 자체에 휘말리지 않게 해야 한다. 하지만 결국 마지막은 아들의 창끝이 게임을 향해 날카롭게 겨누고 또 찔러야 했다.

그러려면 이 전쟁의 이유부터 알아야 한다. 자기 자신이 중독 상태에 이르렀다는 것을 스스로 인식해야만 한다. 아이들 스스로가 자신이 파편화된 개체로 게임 속에 방치되어 있음을 알아차릴 수 있어야 한다. 게임을 하는 자신을 객관적으로 보면서 누군가의 돈벌이 대상, 즉 게임 회사의 돈벌이 대상 그 이상도 이하도 아니라고 느끼는 게 우선이다.

부모가 해줄 수 있는 첫 번째는 아이들 스스로가 자신이 게임 중독의 길 위에 있다는 걸 알아차리도록 도와주는 것이

다. 이를 위해 아이와 나눠야 할 대화는 다음과 같다.

게임과 시간 개념의 상실에 대한 대화

- 스스로 느끼기에 하루, 일주일 동안 게임을 얼마나 했을까? 실제로 게임을 한 시간은 얼마일까?
- 게임을 하는 시간은 왜 짧게 느껴질까? 게임 회사가 원하는 것은 무엇일까?

게임 중독에 대한 대화

- 게임을 끈 뒤에 더 하지 못한 아쉬움이 남는가?
- 다른 활동을 하면서도 게임 생각을 하는가?
- 게임을 못 하게 되면 불안하거나 불만스러운가?
- 게임 시간이 현실 속에서 친구와 가족과 보내는 시간보다 만족스러운가?
- 게임에 소비한 돈을 계산해보자. 그걸 현실에서 사용한다면 어떤 걸 할 수 있었을까?

게임에 빠진 나 자신을 객관적으로 보기

- 게임을 하기 위해 스스로와 타인에게 어떤 거짓말
  을 하는가?
- 게임으로 인해 수면 패턴에 변화가 생겼나?
- 게임을 할 때 죄책감을 느끼는가?
- 게임 관련 유튜브를 얼마나 찾아보는가?

처음에는 왜 이런 질문을 하는지 의심의 눈초리를 보내던 아들은, 대화가 거듭되자 스스로가 게임 중독에서 자유롭지 않다는 것을 서서히 느끼는 듯했다.

부모의 역할을 확실히 인지한다

불과 몇 년 전만 해도 자녀의 입시 성공을 위해서는 할아버지의 재력과 엄마의 정보력 그리고 아빠의 무관심이 필요하다는 우스갯소리가 돌곤 했다. 하지만 드라마 〈SKY 캐슬〉이 20퍼센트에 이르는 시청률 기록을 세우자 아빠의 임무가 달라지고 할머니의 역할도 추가됐다는 말이 있다. 바로 아빠의 인맥과 할머니의 기획력이다.

사실 나 역시 '아빠의 무관심'이 아이들 공부에 도움이 될 줄로만 알고(자의 반 타의 반이지만) 그렇게 살았던 적도 있었다. 하지만 그런 시대는 끝났다. 그런데 평범한 직장인인 내가 갑자기 대단한 인맥을 어디서 만들 수 있을까. 그렇다고 앉아만 있을 수는 없다. 아빠가 할 수 있는 일 중 '대단한 인맥'보다도 더 아들의 미래를 위해 가치 있는 활동이 있다면, '게임에 의존하려는 아들을 통제하는 것'이라고 생각한다.

아들이 게임 중독의 늪에서 허우적대고 있을 때 나는 아빠의 역할을 고민했다. 우리 집에서 엄마인 아내가 더 잘할 수 있는 일이 있고, 내가 더 잘할 수 있는 일이 있을 것이다. 아이들을 위한 학습 정보를 수집하는 데 아내는 탁월했다. 나는 아들의 일상생활을 위해 뛰어보자고 생각했다. 그리고 다짐했다. 내가 해야 할 역할 중 하나는 게임으로부터 아들을 보호하고, 통제하는 것이라고. 그리고 적절하게 인생 조언을 하겠다고.

아내는 아이들에게 듬뿍 사랑을 주고 공감해주는 엄마였다. 그래서인지 엄하게 말해야 할 상황을 어려워했다. 그래서 아이가 크자 아빠인 내가 나설 필요가 생겼다. 초등학교 고학년이 되자 그전까지의 양육방식이 잘 통하지 않는 상황이 된 것이다.

여러 상황이 겹쳐 아이들에게 안 되는 것에 대해서 '안 된다'고 명확하게 이야기해주는 것이 내 몫이 되었다. 그중 하나가 게임인 셈인데, '통제 불능의 게임 중독'에 가기 전에 아들을 보호해야 하는 것도 내 역할이었다.

나는 자주 후회했다. 좀 더 일찍 아이들에게 관심을 쏟아야 했다고. 아들이 어릴 때로 다시 돌아갈 수만 있다면 좋겠다고. 엄마 몰래 용돈을 주면서 '남자들만의 비밀'이 생겼다면서 흐뭇해하기보다는 아들의 영혼을 위협하는 그것에 대해 냉정하게 알려주는 아빠가 되고 싶다고. 이제와서 후회해봐야 아무 소용 없지만 그게 아빠인 내가 해야 했던, 아들을 위한 진정한 사랑의 기술이었다.

　　게임 전쟁은 아들이 해내야 할 몫이다. 하지만 부모의 의무가 면제되는 건 아니다. 다이어트를 하는 딸 옆에서 삼겹살 굽고 피자 시켜 먹는 부모가 말이 안 되는 것처럼, 게임 중독에서 벗어나려는 아들 옆에서 스마트폰만 들여다보고 있는 부모도 문제다. 아이가 게임 전쟁의 한복판에 서 있을 때 부모는 어떤 모습으로 있어야 하는지 고민해보자. 아래의 문항을 보고 셀프 체크를 해보도록 하자.

부모 자신에게 해당하면 ○표, 해당하지 않으면 ×표를 한다.

01 | 근면성실하다 　　　　　　　　　　　　　　　〔 　〕
02 | 술, 담배, 유흥에 관심이 없다 　　　　　　　　〔 　〕
03 | 자녀에게 항상 관심이 많다 　　　　　　　　　〔 　〕
04 | '욱'하는 성질이 없고 밝고 정신이 건강하다 　〔 　〕
05 | 아이 앞에서 부부싸움을 하지 않고 부부 사이가 좋다 　〔 　〕

06 | 책 읽는 것을 좋아하며 자기계발에 관심이 많다 〔　〕

07 | 식사와 수면시간 등의 루틴이 일정하다 〔　〕

08 | 아이에게 잔소리하거나 윽박지르거나

　　감정적으로 화내지 않는다 〔　〕

09 | 아이가 열심히 노력할 때, 작은 성공을 해내면 칭찬한다 〔　〕

10 | 아이 앞에서 남을 비난하고 트집 잡는 모습을 보이지 않는다 〔　〕

※ 진단 결과

○ 10개: 부모 노릇만 하기엔 너무 아까운 당신, 인류의 스승이 될 것을 권한다.

○ 7~9개: 충분히 괜찮은 부모다. 다만 아이에게 조금 더 관심을 가지도록 한다.

○ 3~6개: 아이가 게임 중독에 빠져도 할 말이 없는 부모다. 우선 자신부터 돌아볼 것!

○ 2개 이하: 아이의 게임 중독보다 부모의 무책임함을 먼저 돌봐야 하겠다.

게임 중독 징후 초기에 알아보는 법

게임과의 전쟁은 빠르면 빠를수록 좋다. 겪어 보니 아이가 열 살 전후라면 중독의 터널에서 벗어나기가 더 수월하다. 아직은 아이가 부모의 말을 잘 들을 때이기 때문이다. 물론 아이의 친한 친구들이 모두 게임에 빠져 있는 경우라면 머리가 더 아파진다. 어른들조차 먹고사는 문제 다음으로 고통스러워하는 게, 공동체에서 자기만 배제되었을 때다. 같은 팀원 모두가 '가봤자 피곤하기만 하고 술이나 진탕 먹을 게 뻔한 워크숍'을 가는데, 나만 빼고 간다면 초조하지 않을 사람 없다.

아이들은 더할 것이다. 친구들 다 하는 게임, 나만 못 하고 있다면 소외되고 있다는 공포가 얼마나 클 것인가. 그걸 알기 때문에 부모들은 아이들을 게임에서 건져낼 '골든타임'을 놓치고 만다. 하지만 게임 중독에서 아이를 탈출시키는 것만큼은 서두르면 서두를수록 좋다. 지금이 어떤 상태든간에 1분 1초라도 빨리 개입해 아이와 게임을 떼어놓아야 하기 때문이다. 이 시기를 놓치면 몇 배 더 힘든 전쟁을 감수해야만 한다.

아이는 어떻게 게임에 빠져들까? 부모는 그 시기를 잘 인지해야 한다. 아이들은 어느 날 갑자기 게임에 중독되지 않는다. 코로나바이러스 잠복기처럼, 오랜 잠복기를 거쳐 만성질환에 이르게 된다. 어쩔 수 없이 게임에 감염됐다면, 가능하면 잠복기에 '자가격리'를 시키고 '집중치료'를 진행해서 게임에 대한 '항체'를 만든 뒤 다시금 정상적인 생활로 복귀할 수 있도록 총력전을 펼쳐야 한다. 이를 위해 아이의 행동 변화에 늘 민감해져야 한다. 우리 아이의 경우, 게임 중독에 앞서 환경이 갖춰졌고, 서서히 게임 중독 증상들이 나타났다. 아래와 같다.

환경 변화

- 아이에게 스마트폰이 생겼다
- 부모의 통제를 받지 않는 노트북(PC)이 생겼다

행동 변화

- 외식을 좋아하던 아이가 어느 날부터 반기지 않았다
- 방문을 잠그고 혼자 있는 시간이 길어졌다

감정 변화

- 부모의 간섭에 대해 거칠게 항의하기 시작했다

아이에게 이런 변화가 있다면 의심해보자. 내 아들이 게임에 빠져들 때 위와 같은 변화가 있었다. 그 시기에 아들을 의심하지 않고 넘어간 이유는 바로 사춘기 증상과 헷갈렸기 때문이다.

사춘기랑 헷갈리지 말자

나 역시 부모는 처음이라, 첫째 아들의 변화를 알아채지 못했다. 첫째 아들은 초등학교 5학년 때 스마트폰을 갖게 되며 게임을 시작했다. 아들은 그 게임을 화장실에서 밤이 새도록 하다가 아빠한테 걸려서 스마트폰을 압수당했지만 지독하게도 게임을 끊어내지 못했다. 아니, 강한 의지로 본격적인 게임을 시작했다.

아들은 새로운 시간과 공간을 물색하면서 호시탐탐 게임 할 기회만 노렸다. 초등학교 6학년을 거쳐 중학교 1학년이 다 끝나갈 무렵까지 그랬다. 3년은 정말 긴 시간이다. 그때 아들은 온몸으로 신호를 보냈다. 예전과는 다른 모습(가족으로부터 고립되고 싶어 하는 등)을 보여준 것이다. 그런데 '아빠가 처음인' 나는 그 신호가 의미하는 것이 뭔지 몰랐다.

오히려 착각했다. 아들은 게임 중독이 되었다고 온몸으로 말하고 있는데, 나는 '아들이 사춘기에 접어들었구나!'라면서 시간이 해결해줄 문제로 치부해버렸다. 물론 사춘기와 관련된 변화일 수도 있다. 하지만 이미 게임에 지나치게 빠져든 아이는, 부모가 자신을 사춘기로 봐줄 것을 노리고 행동한다. 부모와 힘 겨루기를 하는 것이다.

'짜증' '반항' '혼자'라는 단어를 아들에게서 발견할 때마다 나는 사춘기를 머리에 떠올렸다. 그 단어들 속에 게임 중독에 이른 아들이 가득 담겨 있었다는 것을 모른 채.

다시 아들이 중학교 1, 2학년이었던 시절로 돌아갈 수 있다면 이유도 없이 화를 내고, 방문을 잠그고, 나와 대화를 피하는 아들을 봤을 때 사춘기에 앞서 게임 중독을 떠올릴 것이다. 몸과 마음이 어른으로 성장해가는 과정인 사춘기를 생각하기 이전에 몸과 마음이 게임으로 오염되는 게임 중독이 아닌지 먼저 걱정할 것이다. 안타깝게도 첫째 아들의 모습에서 나는 게임이 아닌 사춘기를 떠올렸다. 돌이킬 수 없는, 아쉬운 순간이다.

게임에 중독되는 시간, '찰나'

게임 중독에 이르는 순간은 스스로 알아채지 못한다. 아들도 그랬다. 새벽에 화장실에서 게임을 하다 걸렸던 그때, 아들은 자신의 잘못을 금방 깨달았다. 그리고 스스로 말했다.

　　"잘못했어요. 다시는 이런 일 없게 할게요."

　　하지만 머리는 이해하는데 마음이 따라가질 못했다. 게임에 한번 발을 담그게 된 아이에게는 함께 게임 할 것을 집요하게 요구하는 친구들이 있었다. 아이는 고작 일주일 남짓 접속하지 못했을 뿐인데, 게임 세상에서는 새로운 아이템이 생겨나고, 새로운 세상이 생겨나고 친구들은 자꾸 강해졌다. 그리고 아이의 캐릭터는 여전히 남아 있었다. 고작 초등학교 5, 6학년 아이들이 참아내기엔 너무나 강렬한 유혹이 아닐 수 없었다. 화장실에서 게임을 하다 발각된 치욕스러운 순간은 금세 잊혀졌다.

　　"제 생각이 짧았습니다. 인생에서 가장 소중한 시간을 게임 캐릭터에 빠져 지내는 제 모습이 한심스럽습니다. 이제 생각을 고쳐먹겠습니다."라고 아이들이 말은 할 수 있다. 하지만 이 말이 실제로 게임을 그만두는 행동으로 연결되는 것은 어려운 일이다.

　　스스로 빠져나오도록 기다려주기에는 아이의 시간이

너무 소중하다. 게임 회사는 사람들이 게임 아이디를 만들기만 해도 게임 중독이 될 수 있도록 프로세스를 설계한다는 걸 잊지 말자. 게임 회사에서 일하는 사람들은 아이들 그리고 웬만한 부모들보다 훨씬 똑똑하다는 것을, 그 인재들이 똘똘 뭉쳐서 한 개인을 유혹하는 데 열중하고 있다는 것을 잊지 말자. 그 잔인한 유혹으로부터 아이들을 방어하기 위해서라도 일정 수준의 통제를 하는 건 부모로서 잘못하는 일이 아니다.

　최근 들어 아이들이 게임을 접한 후 게임 중독에 이르는 시간이 더더욱 빨라지고 있다. 2019년 1월 가장 '핫'했던 게임 중 하나는 캐주얼 슈팅 게임 브롤스타즈였다. 전 세계적 인기는 물론 매출 순위에서 상위권을 유지했고 이 책이 읽히고 있는 지금 순간에도 선풍적인 인기를 끌고 있을 것이다. 이 게임은 2018년 12월 출시 직후부터 구글 플레이와 애플 앱 스토어 인기 및 매출 순위 톱 10을 유지하며 순항했는데, 이 게임의 일 평균 유저는 약 70만 명이며 일 매출은 2억 원을 훌쩍 넘었다. 안타깝게도 내 아들 역시 이 게임에 빠져들었다. 아들은 훗날 말했다. 이 게임, 중독성이 속된 말로 '쩔었다'고. 어떻게 그토록 금방 게임에 빠져들었던 것일까.

　당시 아들은 브롤스타즈를 끝으로 게임 중독에서 벗어

나는 시기였고, 우리 대화도 한창 무르익고 있었다. 나는 아이를 이해하고자 '뭐가 그렇게 재미있는 걸까?' 궁금해 그 게임을 스마트폰에 깔았다. 중년 남성인 나도 반할 정도로 게임은 쉽고 규칙도 단순했다. 단순한 슈팅 게임이 아이는 물론 어른의 마음도 빼앗은 것이다. 브롤스타즈가 사람들을 끌어들이는 장치에는 '흐름이 재미있다', '캐릭터가 귀엽다' 등의 이유도 있었으나 가장 결정적인 이유는 '쉽다'는 점이었다.

복잡하고 어려운 게임, 그래서 빠지는 게임도 있겠지만 단순한 게임에도 사람들은 푹 빠져든다. 한때 전 국민을 유혹한 '카카오 프렌즈팝'은 스마트폰을 쓸 줄 안다면 누구나 할 수 있을 정도로 단순했다. 같은 캐릭터를 세 개 이상 뭉치면 사라지면서 점수가 올라간다. 이 단순한 게임, 지하철에서 여전히 하고 있는 사람들이 있다.

학원에 가느라 바깥 활동을 제대로 못 하던 아이들은, 코로나19로 인해 더더욱 집에 갇혀 시간을 보냈다. 단순한 게임일수록 아이들을 30초 만에 기분 좋게 만들 줄 안다. 30초는 곧 30분이 되고 급기야 30시간으로 길어진다. 게임 중독에 이르는 시간이 짧아진 만큼 부모들이 아이들을 바라보는 시선 역시 바빠져야만 한다.

자녀의 게임 플레이를 알아차렸다면 그다음엔 '맨투맨'으로 아들을 보호해야 한다. 물론 '미션 임파서블'에 가까운 일이라는 점은 인정한다. 부모가 보는 데서는 게임을 하지 않게 만들 수 있었지만, 아들 역시 새로운 장소를 찾아내는 것으로 부모를 이겨냈으니 말이다. PC방, 친구네 집, 그것도 아니면 공기계를 구해서 방에 숨겨 놓는 등으로.

그나마 지금 다행인 것은 코로나19 때문에 PC방, 친구네 집에 가는 것이 매우 제한되었다는 점이다. 반면 코로나19 때문에 초등학교 1학년 아이들도 PC, 스마트폰, 태블릿 PC 등과 밀접해졌기에 그만큼 위험도도 높아졌다고 봐야 한다.

게라뺄이 가능하지 않을까?

착각했다. 우리 아들 정도면 게임도 하면서 일상생활도 잘할 수 있으리라고. 담배를 피우는 사람이 서서히 줄이다가 끊겠다고 한다면 순순히 믿겠는가? 아닐 것이다. 게임도 마찬가지다. 게임은 조절의 대상이 아니다. 모 아니면 도다. 아들이 스스로 조절하는 능력을 키워 서서히 그만두기를 바랐던 것은 나의 무모한 기대였다. 어른도 하지 못하는 걸 아이에게 기대하며 게임을 사이에 두고 끝없이 줄다리기를 하지 말자. 그보다 강하게 끌고가는 게 효과적이었다. 앞에서 말한 '딜'을 게임 중독에 빠진 아들에게 적용하는 것에는 다음과 같은 유형이 있을 것이다.

- 빅딜 : 아들이 게임을 끊어버림
- 미들딜 : 아들이 게임을 반으로 줄임
- 스몰딜 : 아들이 게임을 하루 한 시간으로 줄임
- 노딜 : 아들과 협상 자체를 끊음. 단 그에 상응하는 불이익을 줌

길게 적었지만 미들딜, 스몰딜은 그냥 잊자. 게임에 관한 한 선택지는 두 가지다. 빅딜 혹은 노딜. 미들딜과 스몰딜

은 아들의 게임 중독을 부추기는 꼴이 될 뿐이다. 어중간하게 '딜'을 하면 아예 안 하느니만 못하다. 그 과정에서 문제는 시간을 끌며 지속될 것이고, 부모와 아이 사이에 서로에 대한 의심과 불만은 쌓여가기 때문이다.

한창 게임 전쟁 중일 때 나는 아들에게 게임을 어느 정도 허용했다. 예를 들어 '하루 한 시간, 주말 빼고 매일, 단 숙제 끝내고'라는 약속을 했다. '남자 대 남자'의 약속을 내 아들이 지켜낼 수 있을 줄 알았다. 아들이 스스로 조절력을 키우면서 '게라밸'(Game & Life Balance, 게임과 일상의 균형)을 유지할 수 있으리라 기대했다.

다시 생각해도 서글프다. 아빠인 내가 아들과 대화해야 할 것은 '봉사', '사랑', '예절'과 같은 아름다운 것들이지 '게임'이라는 '도박'과 같은 걸로 딜하고 있을 때가 아니지 않은가. 게임 중독 역시 다른 중독과 마찬가지로 '내성', '금단 현상', '조절 실패'라는 문제들을 가지고 있기에 게임에 관한 한 타협이 있어서는 안 된다는 것을 몰랐다. 중독의 대상을 '적당히 조절하는 것'이 가능할 것이라는 순진한 기대 따위는 집어치웠어야 했다.

게임이라는 세상 그 자체를 아이가 알지 못하게 하는 게 가장 좋겠지만, 이미 맛을 본 아이와 함께 부모의 방어막만 가지고 게임 전쟁을 하는 일은 버거웠다. 그래서 처음에 선택한 것이 '타협'이었다. 게임 중독 초기 증상을 보인 아들이었지만 그래도 부모와 자녀가 '협상'을 거쳐 서로가 이해할 만한 최소한의 시간이라는 공통점을 발견했고, '건전한' 게임을 통해 아들도 나름의 스트레스를 해소하리라 생각했다. 하루에 한 시간 이내만 하는 것으로 약속했다. 시간도 정해놨다. 해야 할 공부를 한 후 밤 열 시부터 한 시간 동안만 하기로 한 것이다.

정해진 시간에만 그리고 일정한 시간만큼 게임을 하는 것, 충분히 아빠로서 인정할 수 있을 거라고 생각했었다. 아들이 철저히 지키려고 노력을 한다면, 아빠와 아들의 신뢰를 바탕으로 한 오락으로서 게임은 아무런 문제가 없을 거라고 생각했다. 게임을 전혀 안 하는 것보다 게임을 해본 후에 자신의 시간이 문제가 됨을 아들이 스스로 깨닫고 '아, 이건 내가 해야 할 게 아니구나!'라고 반성하며 그만두기를 기대했다. 결과는? 나의 무지함만 처절하게 깨닫는 시간이었을 뿐이다.

헛된 망상이었다. 게임 회사의 시스템을 생각해봐도 이

러한 시도가 얼마나 무모한지 알아차릴 수 있었을 텐데…. 게임 유저들이 하루에 딱 30분만 플레이하고 로그아웃하도록 그들이 내버려둘 리가 없다. 어떻게 해서든지 게임 세상에 머무르도록 온갖 설계를 집어넣는데…. 퀘스트는 꼬리에 꼬리를 물고 좀 더 좋은 무기를 준다고 시간을 쏟게 한다. 그뿐인가. 애써 게임에서 나온 사람에게는 푸시 알람을 통해 매일 문구를 바꿔가며 '일단 들어와보라'고, '아주 잠깐이면 된다'고 유혹한다. 그리고 시간을 늘리고 또 늘리겠지.

당연히 내 아들도 한 시간으로 만족하지 못했다. 열심히 레벨을 올리고 있는데 그만하라니! 아빠와 협의해 얻어낸 하루 한 시간은 부모가 모르는 다른 한 시간, 두 시간, 세 시간으로 확장됐다.

"초등학교 5학년 아들이에요. 게임을 하고 싶어 해, 하루 한 시간이라는 규칙을 정해놓고 허용했는데 이제는 매일 몇 시간씩 하고 있어서 걱정입니다. 못 하게 하면 난리가 나고 공격적인 성향을 보여요. 게임 대신 영화를 보러 가자고 하거나, 좋아하는 음식을 먹으러 가자 해도 나가려고 하지를 않아요. 이대로 놔두면 '게임 폐인'이 될 것 같아요. 어떻게 해야 할까요."

한 엄마의 답답한 심경이다. 이 말씀, 하나하나 모든 문장을 곱씹어 봐야 한다. 특히 게임을 '하루에 한 시간씩만 규칙'적으로 한다는 약속이 어떻게 되었는지 가슴 깊이 새겨야 한다. '하루 한 시간 게임'이라는 '규칙'은 '매일 몇 시간씩 게임'이라는 '습관'으로 이어진다.

"아이와 충분한 대화를 통해 게임 시간에 대한 규칙을 정하세요. 하루에 일정한 시간을 게임 할 수 있게 허용해주세요. 대신 본인이 할 일은 다 해놓고 하기, 시간을 어기면 다음 게임 시간 없음, 두 번 이상 어기면 핸드폰 일정 시간 압수 등 강하게 통제하면 돼요."

이런 말을 하는 사람을 보면 나는 무책임한 소리 그만 내뱉으라고 비명이라도 지르고 싶다. 게임을 규칙적으로 하라니, 게임이 트레이닝의 대상인가. 무엇인가를 규칙적으로 하면 결국 습관이 된다. 게임 중독이란 무엇인가. 게임에 '과몰입'하는 행동을 말한다. 이는 '습관'에서 시작된다. 그렇게 '매일' '정해진 행동'을 하는 게 바로 '중독'이다. 그게 술이면 '알코올 중독', 마약이면 '마약 중독', 수면제면 '약물 중독', 게임이면 '게임 중독'. 사랑하는 아이들에게 '규칙적으로 게임하는 습관'을 왜 만들어줘야 하는가. 왜 게임 중독에 이르는 레드카펫을 부모가 깔아주려고 하는가.

하루에 단 10분이라도 규칙적으로 게임을 하게 두는 순간 부모도 아이의 게임 중독의 공동정범이 되는 것과 다름없다. 그러니 기억해두자.

'규칙적으로 하는 게임이 게임 중독으로 발전한다.'

부모가 잘만 하면 게임을
조절할 수 있다

'적당히' 게임을 할 수 있다는 생각은 일종의 '신화神話'다. 게임은 조절의 대상이 아니다. 줄임의 대상도 아니다. 멈춤의 대상이다. '똥이 무서워서 피하는 건가, 더러워서 피하는 거지!'라는 말이 있다. 게임은 '똥'과 다르다. 더럽기도 하지만 무섭기도 하다. 부모와 아이 모두 게임을 혐오해야 한다. 게임 생각만 하면 치가 떨리고 분노가 치밀어 오르며 낭비한 시간에 대한 아쉬움에 발을 동동 구를 정도가 되어야 한다.

그와중에 자신들만의 논리를 내세워 게임의 장점(?)을 열거하는 세력들도 있다. 특히 그들은 게임을 시간과 연계하여 말하지 않는다. 대신 '놀이 문화'와 관련짓는다.

게임의 놀이는 정신의학의 임상으로는 해결될 수 없는 인간의 본능적인 욕망에 기초한다. 게임의 놀이적 속성과 즐거움을 유발하는 반복은 즐거움이 배제된 화학적 과정과는 다른 감각의 차이를 생산한다. 게임의 놀이는 즐거움 없이는 반복할 수 없다. 일반인들이 한심하게 볼 수 있는 게이머들의 맹목적인 행위들은 사실 놀이의 차이를 만들어내는 것

을 궁극의 목표로 한다. 게임의 시간 소비와 반복 충
동은 기본적으로 즐거움과 보상체계라는 원리에서
기인한다. 그것은 질병이 아니라 놀이이고, 동일한
반복이 아니라 차이의 행위이다. (중략) 게임이 각종
사회적 질병을 치유하는 가장 중요한 놀이라는 점
을 눈여겨보았으면 한다. 게임은 질병이 아니라 문
화이다.[*]

지금 생각해보면 게임업계는 WHO가 게임을 질병으로
인정하는 과정에서 논란의 중심에 서며 도리어 이득을 본 듯
하다. 이렇게 언론과 국가가 게임을 보호해주는 논조를 펼쳤
으니 말이다.(언론이나 방송은 게임 광고를 송출해 돈을 벌고, 국가
는 세금을 걷고 외화도 번다)

게임을 찬성하는 입장에서는 사람들의 시간을 끝없이
낭비하게 만드는 근본적인 문제는 슬쩍 넘어간다. 참고로 게
임은 '질병이 아닌 문화'라며 위의 칼럼을 쓴 학자는 뇌과학
자 '다프네 바빌리에'를 들먹이며 '게임은 뇌의 원활한 사고

• 출처: <경향신문> 2019년 4월 25일

와 감각 작용을 도와주는 훌륭한 매체'이며 '게임에 몰입하는 집중력이 일상의 주의력을 높인다'는 논리를 편다. 칼럼을 쓰신 분께 이런 말씀을 드리고 싶다.

"당신 아이에게 매일 규칙적으로 두 시간씩 게임을 하게 해서, 자녀의 뇌가 원활하게 사고하도록 하고, 집중력을 높이면서 일상에서 주의력까지 높일 수 있도록 도와주시길 바랍니다. 그 결과, 꼭 공유해주시고요."

게임은 일종의 디지털 마약이다. 그 치료 과정 역시, 다른 만성적 질병을 치료하는 것과 마찬가지로 재발을 방지하고 진행을 진정시키는 대응이 필요하다.

그러나 누구나 접하는 네이버 등 포털, 페이스북 등 SNS에서 게임 회사는 오늘도 이벤트와 광고로 사람들을 유혹하고 있다. 무심코 지나가는 버스의 옆면에도 '신규 대작 게임 임박'이라는 문구가 시도 때도 없이 보인다. 학습을 위해 켜둔 유튜브 수학 문제 풀이 동영상 옆에도 새롭게 적용된 패치를 광고하는 게임 회사의 현란한 홍보 영상이 보인다. 페이스북의 우측 광고 메뉴에는 게임 회사의 광고가 빠지지 않는다. 지속적인 노출을 통해 아이들의 마음에 들어가고자 하는 게임 회사의 노력, 잔인할 정도로 집요하다.

아이의 게임을 만만하게 보는 부모들이 많다. 아이가 술, 담배 등을 접했다면 경기를 일으킬 부모가, 그것들보다 더 나쁘면 나빴지 좋을 리 없는 게임에는 터무니없이 여유를 부린다. 게임을 하며 기뻐하는 아이 표정에 마음이 약해져서 집중력 혹은 공부에도 도움이 될 수 있다는 돌팔이 전문가들의 말에 홀려서 흔쾌히 게임을 허락한다.(사실 아이와 싸우기도 귀찮다. 좋은 말만 믿고 싶다. 심리학 용어로 확증 편향이다. 듣고 싶은 말만 찾아 듣고 더 강하게 믿고 싶어 하는 심리) 게임 회사는 바로 그 순간을 노려 광고와 기사를 낸다.

게임이랑 공부,
둘 다 잘할 수 있다?

"고등학교 입학할 때 스마트폰에서 2G폰으로 바꿔줬는데 학교 숙제, 반톡방 등 때문에 중학교 때 쓰던 스마트폰을 수시로 가져가더니 어느 날 저에게 2G폰은 카메라가 별로라 사진을 찍을 수 없다며, 문자메시지도 마음대로 사용할 수 없다며 스마트폰으로 바꿔 달라고 하더라고요. 아들이랑 갈등만 심해지고…. 이제 고3이고 공부도 스스로 할 테니 다시 스마트폰을 허용해야겠어요."

고3 아이에게 스마트폰을 허용하겠다고? 누구는 고등학교 입학하면서, 또 다른 누구는 고3이 되었다고 쓰던 스마트폰도 반납하는데 고3이 되는 순간에 스마트폰을 손에 넣는다? 화려한 스마트폰의 화면과 온갖 재미로 무장한 애플리케이션, 설마 그러지 않겠지만 '잠시 머리를 식힐' 생각으로 설치한 모바일 게임…. 아이와 부모는 대입 준비만으로도 힘든 시기에 스마트폰하고도 싸워야 한다. 만약 게임에 재미라도 들리면? '게임 오버' 아니 '대입 오버'다. 부모들, 약해지지 말자. 아래의 사례들처럼.

"스마트폰을 갖고 다닐 때는 연락이 바로바로 됐는데 폴더폰을 쓰고부터는 핸드폰에 신경을 통 안 쓰니 문자를 보내도 연락도 없고, 전화해도 안 받아요. 학원에 가니까 보통 '무음'으로 해서 주머니에 넣고 잊어버리고 다니는 듯해요. 답답해서 스마트폰 쓰라고 해야겠어요."

"스마트폰 때문에 대판 싸웠어요. 제가 이겼죠. 2G폰으로 바꿔버렸거든요. 그런데 방에서 발견한 공기계만 세 대예요. 그뿐인가요. 아들이 PC방도 출입하더군요. 차라리 다시 스마트폰을 사주는 게 낫겠다 싶어요. 어차피 수행 평가 과제가 다 폰이나 컴퓨터로 제출하게 되어 있잖아요."

"아들이 공기계를 어딘가에서 사 와서는 와이파이 되는 곳을 찾아다니며 모바일 게임을 하더라고요. 자기 용돈으로 산 거니까 참견하지 말라고 화를 내면서요. 친구 중에도 엄마가 공부하라고 스마트폰 압수한 친구는 중고로 공기계를 사서 몰래몰래 독서실에서 게임을 한다네요. 요즘 독서실… 인강 때문에 와이파이 빵빵합니다."

대한민국에 아이를 둔 부모라면 '스마트폰'과 '게임'이라는 키워드가 가족의 행복 그리고 자녀의 공부와 절대 양립할 수 없다는 걸 기억해두어야 한다. 수학 올림피아드 대회에 나가서 금상을 타고, 학원 안 다녀도 전교 1등을 놓치지 않는, 하지만 최신형 아이폰을 소유하면서 모바일 게임 레벨도 높은 친구 녀석이 있다고 자녀가 이야기하면 당황할 수도 있다. 당황하지 말자. 자녀에게 스마트폰과 게임을 허용하는 '아들 친구 아빠' 혹은 '아들 친구 엄마' 이야기를 듣게 된다면 이렇게 대답하자.

"전교 1등 하면 아이폰 사줄게."

'우리 반에서 제일 공부 잘하는 아이도 게임 한단 말이에요.' 이런 말에 약해지면 안 된다. 이렇게 말해야 한다. '그래? 너도 반에서 제일 공부 잘하는 애부터 돼.' 냉정하게 느껴지더라도 이 정도만으로 자녀의 게임 중독을 막을 수만 있다면, 그래도 된다.

게임 중독을 이겨낸 형들을 찾아서

게임을 접한 지 얼마 지나지 않았는데도 예쁘기만 하던 아들의 눈빛이 달라졌다. 게임을 못 하게 할 때 보이는 차갑고 냉정한 아들의 눈빛은 섬뜩할 정도였다. 게임을 허용하는 순간 잠시 부드러움을 되찾았지만 '그만 게임 해'라고 말하는 순간 다시 화로 번뜩이는 눈빛을 보여줬다. '아차!' 싶었다. 몇 년이 지나서야, 게임 중독에서 벗어난 뒤에야 아들의 눈빛은 조금씩 제자리를 찾아오고 있다.

이제 아들이 그 무엇을 해도 참을 수 있을 것 같다. 게임만 하지 않는다면…. 설령 아들이 좋은 대학교에 가고, 유명한 게임 회사에 취직한다고 하더라도 게임을 직접 하는 일은 아니기를 기원한다. 게임으로 인해 인생을 낭비했던 추억(?)은 초등학교 5학년 때부터 중학교 2학년 때까지, 3~4년으로 충분하다고 생각한다. 아들 스스로가 그 시간을 자기 인생의 암흑기로 생각하고 다른 유혹들을 이기는 반면교사로 삼기를 바란다.

솔직히 부모의 힘만으로 아이를 구해내는 과정은 매우 벅찼다. 게임 중독이 정식 질병으로 인정되었지만 딱히 도움을 요청할 곳은 없다. 게임 회사야 한 명이라도 더 게임 중독이 되길 바랄 테니 기대할 게 없다. 그렇다면 따박따박 세금을 떼어가는 나라에서 나서줘야 할 텐데, 게임업계의 로비에 휘둘려서인지, 개개인의 세금보다 게임 회사의 세금이 더 영향이 커서인지, 꼼짝도 하기 싫어 하는 모습이라서 안타깝다. 언젠가 정부 부처에서 게임 중독 폐해 예방 캠페인 광고를 유튜브에서 공개했는데 그 수준이 너무 낮아서 화가 날 지경이었다.

그 광고의 내용은 게임 할 시간에 다른 걸 해야 인생에서 승리할 수 있다는 내용이었다. 게임 할 시간에 스펙을 쌓아 인생의 승자가 되라는 광고. 이러니 욕을 먹지. 게임 화면만 바라볼 시간에 자기 인생의 가장 소중한 것들을 돌아보라고 말해야 했다. 가족, 친구, 자연, 생명, 꿈 그 밖에도 아름답고 소중한 것들이 얼마나 많은가. 그런데 '게임'의 반대말로 정한 게 '스펙'이라니. 아들이 게임을 끊은 뒤 가장 먼저 해야할 것은 '스펙 쌓기'가 아니다. 자신을 둘러싼 세상, 자기를 사랑하고 있는 부모를 바라보는 게 먼저다.

아들이 게임에 대해 '아차' 싶었던 순간이 있었다고 했다. 중1에서 중2로 올라갈 무렵, 엄마에게서 '엄마 친구 아들'을 소개받은 때였다. 그 아들 역시 초등학교 4학년 때부터 온갖 게임을 해서 부모 속을 꽤 썩였다고 했다. 하지만 그 엄친아가 중1이 된 뒤 하고 싶은 일이 생겼고, 그 뒤로 단칼에 게임을 그만뒀다고 했다. 나의 아들은 중2가 될 무렵, 대학생이 된 그 엄친아에게 한 달 동안 네 차례 학습 상담을 받았다. 그러면서 게임을 하는 자신을 선명하게 볼 수 있었다고 했다.

사실 부모가 하는 말은 잘 와닿지 않는다. 아무리 너를 위한 말이라고 해도 잔소리로 듣기 일쑤다. 하지만 자신처럼 게임에 빠졌다가 극적으로 그것을 극복하고 멋진 사회인이 된 형들의 이야기는 귀담아듣게 된다. 게임을 끊은 뒤 오히려 게임을 시작하기 이전보다 더 몰입해 자신이 원하는 것을 이룬 형들을 만나 대화를 나누면서 아들은 게임을 제대로 혐오하기 시작했다.

살다 살다 논문까지
읽게 될 줄은 몰랐다

인간의 욕망 중 가장 강력한 것 중 하나는 자녀의 성공에 대한 부모의 욕망 아닐까 싶다. 특히 자녀의 성공이 부모의 성과로 평가되는 우리나라에서는…. 성공이란 쉽게 말해서 잘 먹고 잘살아서 행복을 누리는 것이 아닐까. 게임은 자녀의 성공, 솔직히 말해 '부모의 세속적 욕망이 반영된 자녀의 성공'에 있어 결정적 걸림돌이다. 좋은 성적을 내기 위해서가 아니라 정상적인 일상생활조차 게임은 큰 장애물이다.

지금의 게임은 부모 세대의 게임과는 다르다. 그때의 게임은 착했다. 지금의 게임은? 나쁘다! 마치 온라인 세계 속 통제력을 일상에 필요한 통제력인 것처럼 착각하게 만들고, 끝도 없이 키보드와 마우스 조작에만 신경을 쓰게 만든다. 시간을 끝도 없이 소모하게 한다. 단순반복적인 클릭만으로 몇 시간씩 낭비하게 한다. 많은 시간을 썼음에도 마음에 남는 건 즐거움이 아니라 더 큰 욕심이다. 그 결과 아이들은 현실 세계에서 자신들이 설 자리를 잃고 학습 능력도 상실한다. 그것을 바라보는 부모의 마음은 절망 오직 그것뿐이다.

아들이 중학교 1학년, 한창 게임 중독에 빠졌을 때 나 역시 아들을 게임 중독에서 구해내기 위한 방법을 모색했다. 그중에 꽤 효과가 있었던 방법을 소개하려고 한다. 이걸 보고

'뭐야? 귀찮게!'라고 생각하는 분들이 있다면 그건 자신의 자녀를 보고 '뭐야? 이 귀찮은 자식은!'이라고 하는 것과 같다. 협박처럼 들리겠지만 이렇게라도 자녀에게 관심을 두셨으면 좋겠다.

1단계

'KCI'를 아는가. 'Korea Citation Index(한국학술지인용색인)'의 약자다. 국내 학술지와 논문 등을 제공하는 전문정보 서비스다. 여기에서는 국내외 학술지에 게재된 논문과 서지 정보, 인용 자료 등 각종 유용한 정보들이 제공되고 있다. 특히 특정 주제별 학술지에 게재된 전문 정보(논문 등)들, 그중에서도 2004년 이후의 자료들이 자세하게 나와 있다. 게다가 무료로 볼 수 있다.

부모라면 아이를 위해 하루에 최소 30분은 시간을 낼 수 있을 것이다. 물론 아이의 동의도 필요하다. 강압적으로라도 강요하고 싶겠지만 가능하면 평화로운(!) 방법으로 회유하길 바란다. KCI를 설명하다 갑자기 무슨 소리냐고? 일단 KCI 웹사이트에 접속한 뒤 다음 2단계를 보라.

KCI 웹사이트 검색창에 '게임 중독'을 검색한다. 수백 건의 게임 중독 관련 전문 자료들이 나올 것이다. 제목을 보며 필요한 정보를 찾아보자. 예를 들어 이런 논문이 있다.

〈열정이 게임 중독에 미치는 영향과 게임 중독과 대인관계, 사회불안과의 관계에서 적대감과 사회적 기술의 매개역할〉
강연달 | 이은희 | 한국건강심리학회 | 한국심리학회지: 건강 | 15(3) | pp.529~548 | 2010.09 | 심리과학
피인용횟수 : 20

'원문보기'를 누르면 PDF로 깔끔하게 정리된 20페이지 내외의 문서가 열린다. 총 20페이지 중에서 마지막 5페이지 (참고문헌 및 영문초록)를 제외하면 15페이지 내외다. 처음부터 자세하게 읽을 필요도 없다. 결론만 읽어도 된다. 마지막 '논의' 부분을 집중해 읽도록 한다. 우리는 전문가가 아니므로 통계 분석 데이터나 학술 대립이 있는 부분은 건너뛰어도 된다. 여기서 중요한 게 있다. 고개가 끄덕여지는 부분에 형

광펜으로 표시를 한다. 나는 보통 세 부분 정도를 찾고자 했다. 참고로 위의 논문에서 내가 형광펜으로 표시한 부분은 다음과 같았다.

① 즉 청소년의 온라인 게임 중독 수준이 높을수록 가상적 세계에 몰입하게 되어 실제 세계에서의 사회적 관계에서 불안 정도가 심해지는 것으로 볼 수 있다. 게임 중독에 빠진 청소년은 가상공간의 게임을 통해서 가상공간의 파워맨이 될 수 있다는 착각에 빠지게 되고, 빡빡하고 재미없는 현실도피를 할 수 있으며, 가상공간에 또 다른 자신의 캐릭터에 강한 집착을 가지고 무의식적으로 빠져들게 되어서(어기준, 2000) 가족, 친구 및 다른 사람들과의 접촉 기회가 줄고 사회적 기술습득의 기회를 놓쳐 실생활에서의 불안으로 이어질 수 있다.

② 청소년들이 온라인 게임을 하면서 폭력적, 파괴적인 게임에 몰입하게 되면 공격적 사고와 연합된 정서(적대감)가 활성화되어 일상생활에서도 투쟁 경

향성이 촉진되어 대인관계가 악화되고, 도피 경향성이 촉진되어 사회적 불안이 심화되는 것으로 볼 수 있다. 본 연구 결과는 게임 중독에 빠진 청소년들이 사회적 부적응에 빠지지 않도록 하기 위해서는 공격적 사고를 약화시키는 개입전략(예, 공감증진훈련)이 효과적임을 시사한다.

③ 사람들이 게임에 대해 가지는 열정이 게임 중독에 빠지게 하고 게임 중독은 적대감을 높이거나 사회적 기술 수준을 낮추어 사회불안을 높이고 대인관계를 악화시키는 것으로 결론지을 수 있다.

3단계

나는 형광펜으로 칠한 부분을 프린트한 다음 아들에게 건넸다. 그러면 아들은 그 부분을 읽고 느낀 점을 별도의 노트에 2줄 내외로 적었다.

여기까지다. 그리 어렵지 않다. 웹사이트를 열어(10초), 논문을 검색하고(20초), 그 논문을 읽으며 형광펜으로 표시하고(10분), 출력해서 건네는 것(1분)뿐이니까. 아들이 게임을 있는 그대로 바라보고 그것으로 인해 자신이 잃는 것이 무엇인지 알아차리도록 하기 위해 내가 선택한 방법이다. 부모의 백 마디 잔소리보다 전문가가 연구한 내용을 읽는 것만으로도 아들은 서서히 변했다.

누군가가 도박을 예로 들어 이렇게 말했다. 도박에서 탈출하는 과정에서 가장 중요한 것은 '직면', 즉 '있는 그대로를 바라보는 일'이라고. 나는 아들이 게임 그리고 게임에 빠진 자신을 똑바로 바라보기를 원했다. 그 방법으로 꽤 괜찮았던 것은 게임에 대한 아빠의 개인적 감정이 아닌 수준 높은 연구자들이 쓴 학술 논문을 이용하는 것이었다.

매일보다는 매주가 낫고,
매주보다는 매달이 낫다

규칙적으로 게임을 하도록 두는 건 아이를 게임 중독으로 이끄는 적극적인 태도다. 매일 하는 건 더욱 그러하다. 나는 그걸 몰라서, 심지어 아들이 게임에 접속할 수 있는 시간까지 정해줬다. '숙제를 모두 끝낸 평일 오후 9시, 최대 한 시간까지만 하기.' 이제는 안다. 아침에 일어나 세수하고 학교 가는 것처럼 중요한 일도 아닌데 굳이 게임을 규칙적으로 하게 할 이유가 하나도 없었다는 것을.

어쩔 수 없는 상황이라고 해보자. 게임을 못 하게 하면 아이가 입에 거품을 물고 쓰러진다거나, 베란다에서 뛰어내리려고 한다면, 벽에 피가 날 정도로 머리를 박는다면 어쩔 수 없다, 그럴 땐 이렇게 접근해보자. 평일 저녁에 매일 시간을 정해두고 게임을 하는 것은 금지하되, 주말 하루 중 다섯 시간 게임을 할 수 있게 허용하는 것이다. 두 가지를 기대한다.

- 첫째, 게임이 일상 속 습관이 되지 않게 한다.
- 둘째, 하루에 다섯 시간을 몰아서 하게 해 지루함이 느껴지게 한다.

목표가 분명하니 5분이든 10분이든 매일 게임에 접속

하는 것을 허락해서는 안 된다. 아이는 이런 말로 협상을 시도할 수 있다.

"매일 한 시간씩 다섯 시간이나 주말 하루 다섯 시간이나 그게 그거 아니에요?"

하지만 전혀 같지 않으므로, 이 규칙을 어기면 강력한 패널티가 있다는 것을 분명하게 말해줘야 한다. 어길 경우 2주간 게임에 접속하지 못한다거나 하는 식의 엄격한 규율이 필요하다.

게임 중독에 빠진 아이라면 날카로운 반응을 보이겠지만 기억하자. 이조차 마지못해 허락한 것이라는 점을. 그러므로 약해지지 말아야 한다. 아이가 규칙을 어겼을 때는 부모가 완벽하게 통제하겠다는 의지를 보여줘야 한다. 뭔가 불편한 느낌을 아이가 받아야 한다. 그렇게 하지 않으면 의지가 약한 아이는 금세 다시 게임 중독의 길에 접어들 것이다.

◎× 솔루션 2

스마트폰, 풀어주되 확인한다

스마트폰, 이것만 없어도 게임 중독과의 전쟁은 부모와 아이의 승리가 될 가능성이 크다. 하지만 스마트폰이 아이 손에 있는 한 게임 전쟁은 길어질 수밖에 없다. 사실 중독 문제는 어른들 역시 마찬가지다. 일상에서 스마트폰을 얼마나 잘 통제하고 있는지 생각해보자. 대중교통 속에서 스마트폰을 보고 있는 사람이 그렇지 않은 사람보다 훨씬 많다. 심지어 운전을 하면서까지 수시로 스마트폰을 봐야 직성이 풀린다. 그러면서 아이들이 스마트폰을 적절하게 통제하기를 기대한다는 것 자체가 모순이다. 부모의 통제가 필요한 이유다.

자녀의 스마트폰에 '스마트폰 통제 애플리케이션'을 설치하자. 이 애플리케이션을 통해 우리는 아이가 스마트폰으로 무얼 하며, 얼마나 시간을 보내고 있는지 알 수 있다. 각 통신사에서도 관련 상품을 출시하고 있다. SK텔레콤은 쿠키즈, KT는 자녀폰 안심, LG유플러스는 U+자녀폰 지킴이 등의 이름으로. 당연히 아이들의 불만이 폭발한다.

"SKY캐슬에 나오는 미친 엄마들이나 쓸 것 같은 앱"
"보호자라는 말로 어린이 자유를 침해하지 마세요. 우리도 인간이에요."

"내가 뭘 하는지 엄마가 다 아니까 사생활이 없어요.
하루하루 미쳐버릴 것 같아요."

이 앱들에 달린 평가다. 별점도 매우 박하다. '쿠키즈'의 별점은 1.7점에 불과하다. 유사한 기능을 가진 'KT 자녀폰 안심'이나 'U+자녀폰 지킴이'의 별점도 각각 1.9점과 1.7점이다. 아마 이 애플리케이션이 깔린 스마트폰을 가진 아이들이 최악의 점수를 부여했기 때문일 것이다. 어쨌든 불만이 위와 같다면 부모들 역시 응답을 할 차례다.

"SKY캐슬에 나오는 미친 엄마는 찌질하게 이런 앱 쓰지 않는다. 돈 주고 사람 사서 통제하지."

"보호자로서 너희의 자유를 보호해주려고 한다. 게임 때문에 잃어버린 인간으로서의 자유."

"네가 뭘 하는지 스스로 모르기 때문에 엄마 아빠가 개입해야 한다. 게임에 미쳐버리기 전에."

과학기술정보통신부에 따르면 청소년(10~19세)의 30퍼센트가 '스마트폰 과의존 위험군'이란다. 스마트폰 과의존 위험군은 하루 네 시간 이상 스마트폰을 사용하는 사용자를 의미한다. 최근 그 연령이 낮아져 3~9세 가운데 과의존 위험군 비율도 2015년 12.4퍼센트, 2016년 17.9퍼센트, 2017년에는 19퍼센트로 빠른 속도로 증가하고 있다.

스마트폰을 허용하는 건 부모의 자유라고 해두자. 하지만 스마트폰을 아이에게 던져주고 아무런 관심도 보이지 않는다면 그 사람에게는 부모 자격이 없다.

아이가 뭘 하고 있는지 정도는
알고 있어야 한다

"그 대신 스마트폰 풀어주세요."

부모라면 한 번쯤 들어봤을 만한 말이다. 앞에서 말한 스마트폰 통제 애플리케이션으로 아이의 하루 사용 시간을 정해놓은 부모라면 "주말이니까 폰 풀어줘.", "시험 끝났으니까 풀어줘.", "연휴에만 풀어줘."라는 말이 귀에 못이 배겼을 것이다. 아직 게임에 빠지지 않은 아이가 있다면 앞으로 이런 말들에 넘어가지 말기를 바란다. 한 번 들어주면 끊임없이 요구할 테니 말이다.

부모가 자녀의 게임 중독에 안심할 수 있는 시기가 있을까. 없다. 게임 중독은 벽 전체가 가연성 소재로 된 곳에 옮겨 붙은 불보다도 빨리 활활 타오른다. 자녀가 게임 중독까지 이르는 데 필요한 시간은 친구로부터 게임을 소개받고 게임을 설치해 이것저것을 눌러보는 그 순간이다. 얼마 안 걸린다. 초급 수준의 게임이라도 레벨이 한 단계 올라가는 순간, 얼마든지 게임에 푹 빠질 수 있다.

이러니 긴장을 늦출 수가 없다. 게임 회사는 추석을 맞아, 핼러윈을 맞아, 주말을 앞두고 혹은 중간고사가 끝난 바로 그 틈새 시장을 득달같이 노린다. 새로운 아이템을 출시하고, 추첨 이벤트를 열고 추가 경험치를 얹어준다고 아이들을 뀐다. 게임 회사는 아이의 머리 꼭대기에 있다. 부모와 투쟁하고 있는 아이들이 언제 게임에 접속할 수 있을지 다 간파하고 있다.

잠시 옆길로 새자면, 게임 회사야말로 삼성전자나 애플보다 더 스마트폰 보급에 관심이 있지 않을까. 스티브 잡스가 아이폰으로 스마트폰 시대를 열었지만 스마트폰 보급의 실질적인 혜택은 게임 회사가 고스란히 가져간 건 아닐까 하는 게 나의 합리적 의심이다.

백번 양보해서 명절이라, 혹은 시험이 끝났으니 몇 시간 더 스마트폰을 사용하게 허락한다 치자. 그렇다고 마냥 놔두지는 말자. 아이가 어떤 사이트에 들어가 얼마나 시간을 보냈는지 확인하자.

참고로 '하루'라는 애플리케이션이 있다. 스마트폰 사용 시간과 데이터 사용량을 안내해주는 애플리케이션인데, 아이가 스마트폰을 얼마나 사용했는지, 무얼 하며 사용했는지 쉽게 볼 수 있어서 편한 애플리케이션이다.

여러 애플리케이션을 활용해서 아이의 스마트폰을 통제하는 일만큼은 부모가 절대 타협해서는 안 된다. 아이의 자유를 빼앗는 건 아닌가 걱정이 된다고? 아이가 성인이 되기

전까지 부모는 아이가 점심에 무엇을 먹었는지 신경을 써야 한다. 그것처럼 아이가 새벽에 무슨 게임을 얼마나 했는지 정도는 알고 있어야 한다.

사생활의 자유가·게임의
자유가 되어선 안 된다

그럼 이제 아이의 사생활 보호가 문제가 된다. 아이 방 방문을 벌컥 열고 들어가거나, 문자메시지를 열람하는 건 나역시 결사반대다. 하지만 아이들이 스마트폰으로 그리고 노트북으로 어떤 사이트에 얼마나 접속하는지는 부모가 알아야 한다고 생각한다. 아이가 친구와 어떤 대화를 나눴는지 알기 위해 녹음기를 설치하면 안 되지만, 어떤 친구를 만나고있는지 파악하는 정도는 되어야 한다.

자녀에게 매일 라면이나 치킨, 피자만 먹이고 싶은 부모는 없을 것이다. 영양가 풍부한 음식을 아이들에게 먹이고 싶은 부모의 마음처럼, 아이가 양질의 콘텐츠를 접하길 부모는바란다. 반대로 아이가 허접스러운 콘텐츠 속에서 허우적거리기를 원하지 않는다. 아들의 시간을 전부 빼앗아버리는 게임이라면 더 말할 것도 없다.

누군가는 자녀의 접속 기록을 열람하는 것은 장기적으로 교육적 효과가 없다고 말한다. 그러나 자녀의 게임 중독에혹독히 당해본 아빠로서 말한다면 아직 절제 능력이 없는 사춘기 아이를 둔 부모라면 최소한의 검열(!)은 자녀를 위해서분명히 필요하다고 생각한다. 물론 갑자기 방문을 열고 들어가서 '이럴 줄 알았다니까!'라면서 대단한 것을 발견한 것처럼 호들갑을 떠는 부모는 되지 말자. 발각하는 게 목적이 아니고, 아이가 스스로를 통제할 수 있는 도구 중 하나로서 부모가 지켜보고 있다는 것을 인지하게 하는 것이 목적이다.

사생활의 자유를 보장하는 것과 아이에게 무제한 게임의 자유를 보장하는 것을 혼동해서는 곤란하다. 반대로 게임을 통제한다고 사생활의 자유를 침범하는 것도 안 된다. 부모의 감정은 통제하고 검증 가능한 도구, 예를 들어 괜찮은 애플리케이션 등을 통해 아이를 보호할 수 있으면 된다. 물론 아이도 부모가 관심을 갖고 있다는 사실을 알고, 스스로 통제하려고 노력해야 하는 것도 필수다. 부모로서 할 건 하고 자녀로서 하지 말아야 할 것은 하지 않는 양쪽의 노력이 있어야만 한다.

포기하지 않는 것

게임이 일상이 되고 일상은 엉망이 되어버린 아들, 그리고 그로 인해 삭막해진 가정 풍경을 보며 이런 생각도 했다.

'어차피 인생, 대신 살아줄 수도 없고 각자 사는 거 아닌가. 나는 최선을 다했다. 그런데 네가 변하지 않는다. 그냥 받아들이겠다. 더 이상 후회하지도 않겠다.'

그깟 게임에 빠져 있다 한들 아이 목숨이 어떻게 되는 건 아니다. 친구를 괴롭히는 것도 아니고, 그렇다고 부모를 욕되게 하는 것도 아니다. 어느 날 철이 들어 더 빨리 어른이 될 수도 있다. 밤낮없이 게임만 하던 아이가 고등학교에 입학하더니 게임을 딱 끊고 공부에만 매진해 서울대에 갔다는 이야기도 심심찮게 들었다.

솔깃했다. 싸우는 게 싫었다. 아이를 향해 날카롭게 신경이 곤두서 있는 것도 피곤했다. '게임을 하게 내버려두는 건 어떨까?' 돈벌이만으로도 힘든데, 괜히 게임 때문에 더 피곤했다. 그렇지 않아도 피곤한 일터에서 고작 아들 게임 걱정 때문에 전전긍긍, 집에 와서는 쉬지도 못하고 분란이나 일으키고 앓아서 뭐하랴 싶었다.

'아들이야 제 갈 길 알아서 가면 된다. 그러니 게임을 하든 말든 그냥 놓자.'

아들도 소중하지만 나 역시 소중한 존재다. 게임에 빠진 아들 때문에 매일 화내고 짜증 부리다가 홧병이라도 생기면 그야말로 큰 문제가 될 수도 있다. 돈 버는 사람은 나 하나였다. 새벽에 살금살금 화장실로 숨어 들어가는 아이의 인기척을 느끼며 잠을 설치고, 옷장 깊숙이 숨겨둔 처음 본 스마트폰(도대체 어디서 어떤 경로로 산 것인지 감조차 잡히지 않는 그놈의 공기계) 등에 일일이 화를 내면서 도저히 살 수가 없었다.

'네 마음대로 살아라! 서로 마음이라도 편하게 살자.'

하나만 포기하면 됐다. 아들의 공부다. '공부… 그깟 것만 욕심 접으면 되는 것 아닌가. 그냥 하고 싶은 대로 내버려두자'라는 생각만 머리에 가득했다. 아들의 게임 중독에 골머리 앓기보다 그 시간에 다른 가족들이 편히 사는 데 최선을 다하는 게 낫겠다는 생각이 머릿속을 떠나지 않았다. 아들의 게임 문제에서 손을 떼고, 각자 할 일 하는 게 더 낫겠다는 생각이었다.

가족이 각자 자기 일에 최선을 다하다 보면 언젠가 아들도 부모의 진심을 알고 다시 돌아오지 않을까 하는 마음도 있었다. 나 혼자만 동동거리는 건 아이에게 닿지 않았다. 아들이 게임의 바다에 빠져 둥둥 떠다니고 있음을 스스로 자각하고 허우적대다 스스로 빠져나오기를 기대하는 게 마음 편할 것 같았다. 한마디로 포기에 가까웠다.

생각은 많았지만 실제 행동으로 옮길 수 없었다. 내 아들이었으니 말이다.

낭비한 시간은 돌아오지 않는다

"우리는 같은 강물에 두 번 발을 담글 수 없다."

그리스 철학자 헤라클레이토스의 말이다. 아들을 그냥 두고 우리만 미래로 넘어갈 수 없었다. 흘러간 시간이 다시 돌아오지 않는다는 것을 너무도 잘 알고 있기 때문이었다. 시간은 얼마나 공평한가. 그 공평한 시간을 어떤 이들은 자신의 성장을 위해 쓰는데 내 아들은 게임 레벨 올리는 데 쏟아붓고 있다는 것이 매 순간 참을 수 없는 정신적 고통을 주었다.

흘러가는 시간을 한 움큼 움켜쥐면 아들은 더 좋은 사람이 된다. 그 시간을 덧없이 보내면 미래에서 얻을 수 있는 기회는 현격히 줄어든다. 나는 아들이 좋은 사람이 되기를 바랐다. 이것만큼은 아빠의 도리, 아니 아빠의 권리가 아닌가 하는 생각이 강했다.

'그조차 바라지 않을 수 있나? 내 시간과 정성을 쏟아 아이를 키우는데!'

아이에 대한 애정이 지나치다고 해도 할 수 없었다. 내가 살아본 삶으로만 아들을 바라보는 것이 편협한 사고인 것도 안다. 하지만 아들은 소중한 나의 모든 것이었다.

공부를 못하는 건 그냥 둘 수 있었다. 하지만 그 이유가 게임 때문인 건 용서가 안 됐다. 아이가 자기에게 주어진 귀중한 시간들을 게임 때문에 엉망으로 만드는 걸 바라보고 있는 것이 나로서는 최악의 고통이었다. 아이는 멀쩡한데 인내심이 부족한 아빠라고 누군가 나를 향해 말한다면 나는 망설임 없이 그에게 이렇게 대답할 것이다.

"당신도 같은 일을 겪어보길 바랍니다."

아이가 초등학교, 중학교를 거치며 경쟁으로 인한 스트레스를 받는 것은 안쓰러웠다. 그래서 부모 몰래 결핍된 인정욕구, 쌓여 있는 스트레스를 게임 속에서 해소하는 아들이 한편으로는 공감됐지만 다른 한편으로는 분노가 치밀어 올랐다.

나를 위로하고자 누군가는 아들이 나쁜 짓 안 하고 건강한 것만으로도 감사할 일 아니냐는 말을 했다. 그 말도 일리는 있었다. 최악을 가정한다면 우리 아이는 아프지도 않고 지극히 정상에 가까우니까.

그래도 내 아들이라서 나는 초조했다.

부모의 관심이 아이를 구한다

게임에 빠지려는, 혹은 게임에 이미 빠진 아들을 위해 부모가 할 수 있는 것이 무엇일까. 지금 생각해보면 다음 세 가지를 기본적으로 잘 해내야 했다.

- 첫째, 아이의 일에 관심을 갖는다. (아이 문제를 부부가 함께 바라본다)
- 둘째, 아이가 하는 행동의 결과보다 과정을 보려고 한다. (아이의 성적에만 관심을 두지 않는다)
- 셋째, 아이와 대화 시간을 늘린다. (나 혼자만의 시간을 즐기기보다 가능한 아이와 함께한다)

얼핏 보면 당연하게 보이는 위의 세 가지를 나는 할 줄 몰랐다. 솔직히 아들의 일에 무관심했다. 아이가 게임 중독에 빠진 초기에는 괜한 화풀이를 아내에게 하는 게 고작이었다.

"저렇게 되도록 뭐했어?"

내가 자주 한 말이었다. 그래놓고선 혼자만의 시간을 원했다. 스마트폰으로 프로야구 중계를 보고, 태블릿으로 영화나 보면서 소중한 것, 즉 아빠와 대화를 시도하려는 아들을 향해 따뜻한 말 한마디도 건네지 않았다. 고작 하는 말이라곤

"공부 다 했니?"가 전부였다. 식사할 때도 그랬다. 나도 아내도 모두 아이들이 밥을 먹을 때 스마트폰을 보느라 정신이 다른 곳에 있었다. 아이들이 도대체 뭘 배웠을까?

'커피계의 애플'로 불리는 미국의 커피 전문점 '블루보틀' 매장에는 콘센트와 와이파이가 없다. 스타벅스와는 정반대다. 이에 대해 블루보틀 창업자 제임스 프리먼은 이렇게 말했다고 한다.

> "와이파이는 주의를 분산시킨다. 고객들이 커피, 그리고 함께하는 사람에게 집중할 수 있도록 뭘 더 하기보다 뭘 뺄 수 있을지 늘 고민한다."며 "휴대폰은, 어른용 쪽쪽이(공갈 젖꼭지)다. 휴대폰만 들여다보며 의미 없이 6시간을 앉아있는 것보다 단 20분이라도 좋은 커피와 정말 멋지게 보내는 게 낫지 않나"라고 답했다.

사랑하는 아이들을 눈앞에 두고 '어른용 쪽쪽이'에 심취

• 출처: <부산일보> 2019년 5월 3일

했던 사람은 다름 아닌 나와 아내였다. 부끄럽다. 아이들을 잘 돌보지 못했으면 아들을 바라보는 관점이라도 건전해야 했다. 고백하면 '다 모르겠고, 기말 성적표나 보고 말하자'라면서 아이가 노력한 과정을 무시한 사람이 바로 나였다. 아들의 성적에만 관심을 가진 나 자신을 먼저 경멸해야 했다.

나는 아들이 그 성적표를 갖고 오기까지의 과정에 관심을 두어야 했다. 아들에 대한 무관심을 처절하게 반성하면서 '어떻게 해서 이 성적을 받아왔는지'에 대해 묻고 칭찬할 줄 알아야 했다. 아들에 대한 아빠로서의 관심이 오로지 성적에만 맞춰져 있었다는 것에 부끄러움을 느껴야 했다.

마지막으로 부끄럽게도 사춘기로 달려가는 아들과의 대화 시간을 늘리지 못했다. '아빠의 무관심'이 자녀교육에 좋다는 말을 대단한 핑곗거리 삼아 나 혼자만의 시간을 즐기는 데 시간을 썼다. 주말이면 골프를 쳤고, 평일 저녁에는 퇴근 후 동료들과 술을 마셨다. 언젠가부터 아빠와 거리를 두고 있던 아들을 눈치채지도 못했다. '가장이니 돈이나 열심히 벌어오면 되지'라는 가부장적이고 구태의연한 마음이 있었다. 그게 아들의 게임 중독을 악화시켰다.

'게임 중독과 가족의 영향력'과 관련된 연구가 떠오른

다. 연구 결과에 따르면, 가족의 응집성과 가족의 적응성은 게임 중독 가능성과 부의 관계를 갖는 것으로 밝혀졌다. 가족의 응집성은 가족이 가정에 건전하게 뭉쳐 있는 정도를 의미하며, 가족의 적응성은 가족이 일정한 조건이나 환경에 맞춰 적절히 변화하는 능력을 말한다. 즉 가정이 단단하고 변화에 유연하면, 가족의 일원이 게임 중독에 빠질 확률이 낮다는 의미다. 그렇다면 그 반대, 가족의 일원이 게임 중독에 빠져 있다면 가정을 점검하는 것이 제일 먼저 할 일이다.

게임 중독에서
탈출하기 위한 요건 3

'알코올 중독'이 된 성인을 어떻게 치료해야 할까? '도박 중독'인 성인은 어떻게 고칠까? 혼자만의 힘으로 가능할까? '나는 도박 중독이다. 이제 카지노 가는 것을 그만두겠다'라면서 끝내는 사람을 본 적이 있는가. 그게 가능하면 중독이라는 '병'도 없을 것이다.

게임도 마찬가지다. 아이가 스스로 그만둘 수 있는 만만한 놀이가 아니다. 그러니 아무리 사랑스러운 아들이어도 게임 중독에 빠졌다면 이전과는 다르게 바라봐야 한다. 넋 놓고 있다가는 멀쩡한 아들을 잃는다고 생각하자. 그 여파는 평생에 걸치게 될지도 모른다.

왜 게임 중독이 되었는지 따지는 건 중요하지 않다. 아빠가 엄마에게, 엄마는 아들에게, 아들은 친구에게 게임 중독의 탓을 떠넘기다 보면 싸워야 할 대상을 잊게 된다. 단순하게 생각하면 된다. '아들과 부모, 그리고 아들의 친구들에겐 책임이 없다. 오로지 게임 회사가 악의 축이다.'

게임 회사에 책임이 있다고 하면 냉소적으로 말하는 사람도 있었다.

"고도 비만이 되면 그 사람을 치료하고 예방해야 하는 거지, 식품이나 과자 회사에 책임을 지라고 하는 건 말도 안 되잖아. 마찬가지 아냐? 게임 중독이 되면 그 사람을 치료하고 예방해야 하는 거지 왜 게임 회사가 책임을 져야 하는 거야?"

나름의 논리랍시고 한 말이겠지만 어이가 없다. 이렇게까지 게임을 옹호하는 자, 과연 누구일까. 명백하게 앞에 버티고 있는 적을 어떻게 해서든지 방어하려는 사람들…. 그들의 말에 귀를 기울여야 할 이유는 없다.

여튼 서로를 탓하며 시간을 보내느니 하나의 적에 집중하는 게 낫다. 게임 중독에서 벗어나기 위해 갖춰야 할 요건을 알아보자. 크게 세 가지다. 첫째, 자녀 스스로의 탈출 의지. 둘째, 부모의 개입. 셋째, 기관의 개입.

우선 자녀 스스로 게임 중독에서 탈출하길 바라는 게 왜 허망한지는 앞에서 입 아프게 설명했다. 중학생이 되어서 몸집이 커졌을지언정 아직 어린이일 뿐이다. 그런 아이들이 거대한 게임 회사와 전쟁을 하길 바라지 말자. 아이가 스스로 탈출 의지만 품어도 큰 결심이다. 그 다음은 부모의 개입이 필요하다. 논문을 읽고, 대화를 나누고, 아이가 무엇에 시간을 쏟고 관심을 갖고 있는지 눈을 떼지 말자.

부모의 개입에도 아이가 어려움을 느낀다면 기관의 도

움을 받을 수 있다. 교육청 산하 심리상담센터를 찾거나 정신건강의학과 등 전문가의 도움을 받자. 충치가 생기면 치과를 찾는다. 그게 건강도 시간도 돈도 아끼는 길이다. 마음이 아프면 정신건강의학과를 찾으면 된다. 정신건강의학과라고 하면, 문을 열고 들어가는 것조차 두려워하는 부모들이 많다. 시간을 좀 먹는 게임 중독만 이겨낼 수 있다면 이곳에 가서 치료를 받는 것이 학원비 열 배 이상의 몫을 한다고 나는 강력하게 믿는다.

이렇게 말하니 고단한 과정처럼 생각될 것이다. 맞다. 나 역시 아내와 함께 별별 것을 다 해봤다. 함께 시도해봤던 것들을 나열해보면 이렇다.

- 하루에 일정한 시간, 게임을 허용했다.
- 토요일, 일요일 각각 두 시간씩 게임을 허용했다.
- 부모 몰래 게임에 접속한 흔적이 있는 경우 일정 기간 스마트폰을 압수하고 노트북도 통제했다.
- 스마트폰을 엄마, 아빠에게 오픈(잠금장치 해제)하도록 했다.
- 스마트폰 과몰입을 방지하기 위해 아들의 스마트

폰에 관리 애플리케이션을 설치했다.

- 아들이 자신의 시간을 되돌아볼 수 있는 강연회 등에 참석하도록 유도했다.
- 아들과 대화를 나눈 후 게임에 대한 각오를 적은 문서를 만들었다.
- 아들의 외부 취미 생활(농구 동아리 활동, 자전거 구입)을 지원했다.

이렇게 지지고 볶은 끝에 아들은 중2에서 중3으로 올라가면서 게임과 완전히 결별했다. 게임 중독과의 전쟁에서 비로소 승리한 것이다. 아들이 대견하고 자랑스럽다. 그곳에서 빠져나온 것만으로도 나는 아들이 인생의 어느 한 지점에서 자신을 끊임없이 유혹하던 것과 치열하게 싸운 끝에 승리한 것이고, 그 과정을 통해 큰 자신감을 얻었을 것이라고 생각한다. 자신의 인생에 도움이 전혀 되지 않는 것을 끊어내는 결단을 드디어 해낸 것이다. 감사할 수 있음을 감사할 뿐이다.

믿음

내가 아빠로서 하나 잘했다고 생각하는 게 있다. '게임 중독을 이겨내면 세상 그 어떤 것도 이겨낼 수 있다'는 마음으로 아들을 믿고 끝까지 지켜봤다는 것이다. 또한 게임을 제외한 다른 것들에 전폭적인 지지와 믿음을 보낸 것이다.

다만 게임에 관한 한 '철통방어'를 하려고 했다. 게임 회사로 화살을 집중하고, 아들을 비난하지 않으려고 했다. 아들 혼자 힘으로 게임 중독을 이겨낼 수 없다고 판단하고 아들이 스스로 투쟁할 수 있도록 이끌고 그 과정을 돕고자 했다. 그 과정에서 나는 먼저 아들을 바라보는 태도를 바로잡았다. '우리 아들은 여전히 믿을 만한 아이다! 게임이 혹독한 거다!'라고 생각했다.

이 태도는 아들을 대하는 내 모든 행동에 긍정적인 영향을 미쳤다. '게임 중독에서 벗어나는 게 만만할 리 없다. 특히 끝없이 확장되는 요즘 게임은…'이라는 생각은 아들이 다시 실패하는 듯한 모습을 보여도 비난하고 윽박지르기보다 이해하고 다독일 수 있는 여유를 주었다.(아들은 중단했던 게임이 업데이트되면, 새로운 이벤트가 열리면 호기심에 다시 접속하곤 했다)

또한 게임 회사를 탓하자, 다른 사람들의 무책임한 말들 '고등학교 들어가면 정신 차리고 그만두니까 걱정 마세요' 같은 말에도 마음을 놓지 않을 수 있었다. 게임 회사는 만만하게 판을 짜놓지 않았다.

아예 발을 들여놓지 않았다면 좋겠지만 어른인 나조차 실수하고 헤맨다. 아이들도 실수하고 수습하는 과정이 있고, 그것을 극복하고 나면 더 단단해진다. 하지만 그 실수가 오래되지 않도록 도와주는 게 부모 역할이다. 그리고 그 험난한 과정에서 지켜야 할 게 있다. 가족 관계와 서로에 대한 믿음이다. 그래도 내 아들이라는 믿음, 부모가 나를 사랑한다는 믿음을 줘야 한다.

게임 중독에서 벗어나는 과정을 통해 내 아들은 유혹을 스스로 이겨내는 능력을 갖추게 되었다고 믿고 싶다. 또한 공부나 성적을 넘어 자기 인생에 대해 깊이 성찰해보는 시간이 되었을 거라고 믿는다. 어린 나이에 게임 중독도 이겨냈는데 못할 게 뭐가 있을까? 이 세상 어떤 유혹이 와도 한 번쯤은 멈출 만한 힘이 생겼을 것이다. 그래, 그거라도 얻었으니 됐다.

지켜보기

어느 날 게임에서 벗어나려는 강한 의지가 아들에게서 보였다. 아들의 의지를 적극적으로 인정하고 격려했다. 대놓고 칭찬했다.

"네가 게임을 끊어내는 걸 아빠도 봤다. 멋있어!"

논문을 읽고 그에 대해 대화를 하며 아들은 게임에 늪에서 허우적거리고 있는 자기 모습을 객관적으로 볼 수 있게 되었다. 무엇보다 아들은 자신의 행동(게임 중독)이 수많은 사람의 연구 소재가 될 정도로 심각하다는 것을 인지한 게 첫 시작이었다고 했다. 나 역시 논문을 찾아 읽으며 게임 중독에 빠질 만한 가정 환경을 제공한 내 탓도 있다는 걸 깨달았다.

의지는 생겼으나 빠져나오는 행동은 또 별개였다. 금연을 마음 먹고도 실패하는 어른들, 다이어트를 결심하고도 야밤에 치킨 시키는 어른들을 나는 알고 있다. 아들은 '게임 유튜브를 보는 건 괜찮겠지?' 등으로 자기 합리화를 하곤 했다. 솔직히 이건 또 다른 문제로 느껴졌지만 직접 게임을 하지 않는 것만으로도 고마웠다.

그때 솔직한 내 심정은 '게임을 하는 거나 게임 유튜브를 보는 거나 시간 낭비는 마찬가지잖아!' 하고 소리치고 싶었다. 그렇지만 아들도 나름의 노력을 하고 있는 게 보였다.

그래서 아이를 나무라는 대신 오히려 응원을 보내려고 했다. 새로 업데이트된 게임이 궁금해도 게임을 직접 하기보다 유튜브를 통해 잠깐 들여다보기로 한 결정을 인정했다. 아들은 점차 게임 유튜브를 보는 시간도 줄여갔다. 나름대로 참고 있다고 생각하니 그것만으로도 만족이 됐다.

아들은 갑자기 게임을 줄이는 과정, 아니 끊는 과정이 정말 힘들었다고 말한다. 특히 아들을 불안하게 한 것은 '친구들 다 하는데 나만 안 해도 될까?'라는 걱정이었다. 그럼에도 엄마 아빠가 이래라저래라 참견하기보다, 묵묵히 지켜봐주는 게 느껴져서 한 번 더 참을 수 있었다고 했다.

실제로 내가 아들의 인생을 대신 살아줄 수 없다고 생각하던 때이기도 했다. 중학교 1, 2학년, 어떻게 보면 어려 보이지만 몇 년 지나지 않아 대학생이 되고 군대에도 입대할 것이고 사회 진출도 고민해야 한다. 아들에게 자신의 인생은 자기가 만들어가야 한다는 걸 느끼게 해주고 싶었다. 그렇게 아들을 아이 취급하지 않고 일대일로 대화할 수 있는 독립된 주체로 대우하게 되었다. 그것이 궁극적으로 아들이 각성하는 데도 도움이 된 것이다. 공부해라, 학원 가라, 숙제해라, 밥 먹어라… 그러고 나서 게임해라, 이처럼 아들의 행동을 조종하기보다, 먼발치에서 '네 인생 네가 결정하는 것이다'는 메시지를 주려고 노력한 게 효과가 있었다.

게임에서 벗어나는 데 있어 서서히 줄이는 식의 타협은 통하지 않는다. 단번에 끊어내야 한다. 그렇다고 해서 지나치게 조급해하면 게임 중독에서 탈피하려는 아들의 의지마저 꺾어버릴 수 있다. 아이들은 나약하지 않다. 부모의 응원과 격려는 아이가 잘했을 때보다 스스로 실수를 수습하고자 노력할 때 더더욱 효과를 발휘한다는 걸 지금에야 깨닫는다. 그 과정이 불안하고 오래 걸리더라도 아이에 대한 믿음을 갖고 묵묵히 지켜봐주어야 할 이유가 있다.

꿈을 찾기

애써 게임에서 벗어났지만 특별히 하고 싶은 게 없는 상황이라면 아이는 다시 게임의 늪에 빠져들 가능성이 크다. 부모가 해야 할 게 있다. 아이가 꿈을 가질 수 있도록 일상에서 다양한 대화를 하고, 목표를 세우고, 응원해주는 것. 아이에게 중장기적인 목표가 없으면 게임에서 빠져나올 이유를 찾기도 힘들다. 반대로 현실 세계 속에서 이루고 싶은 꿈이 생기면 부모의 응원이 필요 없어질 수도 있다. 아쉽게도 나는 게임과의 전쟁에만 집중하느라 뒤늦게 아들의 꿈을 물어보기 시작했다. 아들은 게임 중독에서 벗어나, 멋있는 삶을 사는 형들을 보고 의지에 불을 붙였다.

참고로 '성적' '공부' 같은 건 목표가 아니다. 공부와 성적, 오직 이것만이 부모와 아이의 대화 주제라면 오히려 그 대화는 안 하느니만 못 하게 될 수도 있다. 맨날 학교, 학원에서 공부하고 성적으로 평가받는 아이에게 그만큼 재미없는 주제가 어디 있을까? 스스로 하고 싶어서 하는 공부는 재밌겠지만 보통 아이들에게 중고등학교 교과과정은 재미가 없다. 그 재미 없는 것을 하게끔 유도하는 것이 선생님의 몫이라 치면, 부모의 역할은 미래의 꿈을 주제로 아이와 이야기를 나누는 것 아닐까.

내가 다시 과거로 돌아간다면 아들과 '무엇이 되고 싶은지' '어떤 삶을 살고 싶은지'에 대해 더 빨리 이야기를 시작할 것이다. 하고 싶은 게 생겨야 비로소 욕심이 생긴다. 그래야 자신의 미래를 갉아먹고 있는 게임을 혐오할 수 있게 된다. 자기가 되고 싶은 모습을 그려보면 지금 해야 할 일이 무엇인지 생각하게 되고, 그것에 몰입하게 된다.

그 과정을 지켜보는 게 부모로서 편안하지만은 않았다. 아들이 게임에서 빠져나오려고 몸부림치며, 간혹 실패하는 자신을 혹독하게 몰아붙일 때는 마음이 아팠다. 게임 그까짓 거 조금 해도 된다고 말하고도 싶었다. 하지만 그런 마음은 깊이 마음속에 묻기로 했다. 아이는 벗어나려 애쓰고 있는데 안쓰러워하면 속절없이 무너질 것 같았다. 그래서 격려의 말을 아끼지 않았다.

"괜찮아. 잘하고 있어. 네가 최선을 다했으면 그것만으로도 의미가 있어."

당신의 아들도 이겨낼 수 있다. 우리 아들처럼.

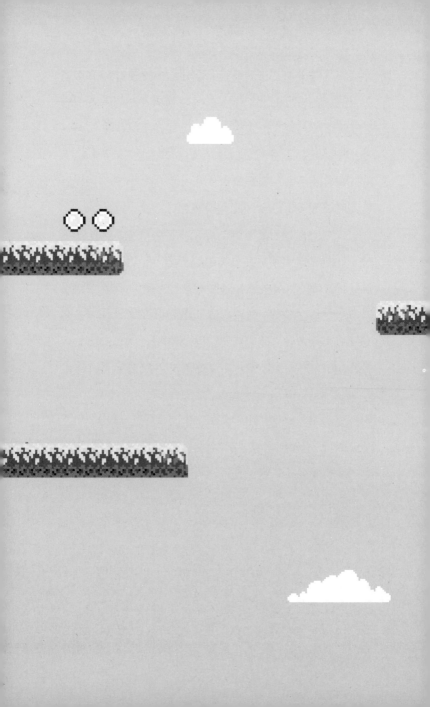

PART 4

게임을 혐오하는 건 그 자체로 '선善'이다

게임 중독 예방법

하류 인생으로 향하는
아이의 모습을 보기 싫다면

나는 정말 게임이 싫다. 게임으로 인해 나 혼자만 피폐해졌다면 이렇게 분노하지 않았을 거다. 가족관계를 엉망으로, 심지어 위기 상황에 이르게 했던 게임, 나에게 게임은 혐오 그 자체다. 한때는 게임 회사의 사람들 그리고 게임을 더 유혹적으로 만들고 전파하는 게임 개발자들, 모두 감옥에 가야 한다고 주장할 정도였다. 마약을 만든 사람은 처벌하면서 왜 마약보다 더 중독적인, 그것도 아이들까지 포섭하는 게임을 만든 사람은 처벌하지 않는지 의문이었다.

게임 중독이 병으로 지정된 지금도, 여전히 누군가는 게임의 변호인이 되기를 자청한다. 게임의 순기능에 집중하라고 말한다. 게임은 일종의 새로운 사회를 배우는 곳이라고 한다. 접촉 없는 사회에서 친교 장소를 제공하며 서로의 외로움을 극복하는 곳이고, 지적인 자극도 해소하며 유대감, 동료의식, 친밀감을 느낄 수 있는 곳이라고 이야기한다.

그렇게 말하는 사람들에게 질문하고 싶다.

"그게 꼭 게임이어야 합니까?"

아이들이 의지할 집단이 가상 공간인 게임뿐이라는 건 슬픈 일 아닌가. 아니 그것을 넘어 게임이 지닌 최악의 문제점, 아이들의 시간을 거침없이 빼앗아간다는 것에 대해 먼저

답을 해야 하지 않는가.

그들은 이렇게 말한다. 중독이 되는 건, 게임 문제가 아니라 '당신 아들의 자제력 문제'라고. 그걸 통제하는 게 부모의 의무라는 말도 빼놓지 않는다. 이제 알 것이다. 이게 얼마나 무책임한 말인지. 달콤한 열매는 게임 회사가 차지하고, 그로 인한 폐해는 고스란히 게임을 하는 아이들에게 전가한다. 가정 내 불화와 갈등에 대해서는 '너희 탓!'이라고 말한다. 그래놓고선 게임의 순기능만 말한다. 돈만 챙기고 책임은 회피하겠다는 얄팍한 간계 아닌가.

아이가 '하류 인생'으로 걸어가는 뒷모습을 보고 싶지 않다면 부모부터 정신을 바짝 차려야 한다. 언론을 이용해 말도 안 되는 변명이나 일삼는 게임 회사의 사탕발림에 넘어가는 순간 이미 늦는다.

**오감을 자극하지만
서서히 무감각해지는 곳**

카지노에는 세 가지가 없다. 시계, 창문 그리고 거울. 시계가 없는 이유는 시간 감각을 잊고 밤새 도박에 빠지게 하기 위해, 창문이 없는 이유는 바깥세상과 단절된 채 게임에만 몰두할 수 있도록 하기 위해서다. 거울이 없는 이유는 탐욕에 찌들어 초췌하게 변한 자신의 모습을 보지 못하게 하기 위해서다. 반대로 딜러들은 최상의 컨디션을 유지할 수 있게 충분히 휴식하게 한다. 나아가 카지노는 설계 단계부터 심리학자와 수학자가 동원돼 곳곳에 사람들을 실패로 향하게 하는 장치를 설치한다. 반짝거리며 자극하는 불빛, 자극적인 음악과 소리 역시 게임에서 딴 돈마저 다시 집어넣도록 부추기는 장치들이다.

게임에 몰두하는 사람들 역시 마찬가지 환경에 처한다. PC방이 주로 지하에 있는 이유, 지상에 있더라도 창을 불투명한 막으로 막아두는 이유도 카지노의 설계와 마찬가지 이유라고 보는 게 합리적인 의심이다. PC방에서 먹는 라면 맛은 얼마나 좋은가. 요새는 PC방인지 음식점인지 구분이 안 될 정도다.

카지노에선 인간의 기본적 욕구가 충족된다. 식사·

주류는 공짜거나 저렴하다. 허기를 느끼면 사람은 하던 행동을 중단한다. 술에 취하면 판단력이 떨어진다. 카지노엔 호텔이 붙어 있어 잠자리 걱정도 없다. 호텔 실내엔 충분한 산소가 공급된다. 방문객을 빨리 피로에서 회복시키기 위해서다. 이 모든 게 당신을 도박에 몰두하도록 만든다.*

모바일 세상이 열리면서 게임 전쟁을 치러야 할 장소는 더욱 넓어졌다. PC방에 가지 않아도, 방구석에 처박혀 24시간을 온전히 게임만 할 수 있는 세상이 되었다. 이제 아이들은 부모와 선생님의 눈만 피할 수 있다면 그 어디든지 자기만의 PC방을 만들 수 있다.

게임을 하면서 아들은 성격도 변했다. 물론 부모와의 갈등이 1차 원인이겠지만 게임 그 자체의 경쟁이 익숙해진 것도 그 이유라고 생각한다. 아들은 훗날 말했다.

"게임에 지고 나서 자기 탓하는 사람 없어요. 다 '남의 탓' 혹은 '재수가 없었다'고 하죠."

---

* 출처: <중앙일보> 2015년 10월 31일

게임은 적절하게 레벨을 높여주고 아이템이라는 보상을 준다. 그러다 점차 레벨 높이기는 어려워지고 아이템도 잘 주지 않는다. 게임에 지면 패널티도 있다. 그러나 앞으로 더 잘할 수 있다는 기대를 심어주는 것도 잊지 않는다. 이는 심리학자인 스키너가 말한 '간헐적 강화 계획intermittent schedule' 이다. 게임이 주는 달콤한 맛에 익숙해진 아이들은 그 달콤함이 뜸해져도, 심지어 본인들이 돈을 내고서라도 계속해서 매달린다. 아이들이 어떻게 게임 회사의 이런 음모를 알아차릴 수 있겠는가. 아니 알아차려도 그만둘 수 있겠는가. 그 혼탁한 상황에 내 아이가 빠져 허우적대는 걸 보는 부모의 마음만큼 안타까운 마음도 없다.

만일 내가 다시 아들을
키운다면

강연자이자 작가인 '다이아나 루먼스Diana Loomans'의 시 중 〈만일 내가 다시 아들을 키운다면〉에 이런 구절이 있다.

만일 내가 다시 아들을 키운다면 아들의 자존심을 먼저 세워주고 집은 나중에 세우리라. 손가락으로 아들에게 명령하는 대신 손가락으로 아들과 함께 그림을 더 그리리라. 아들을 고치려는 노력 대신 아들과 하나 되려고 노력하리라. 시계를 보는 대신 아들의 눈을 바라보리라.

게임 전쟁을 막 마치고 아들과 예전의 관계로 돌아가고 싶은 아빠로서의 나, '다이아나 루먼스'의 시를 손질해서 이렇게 쓰고 싶다.

만일 내가 다시 아들을 키운다면 아들의 자존심을 먼저 세워주고 핸드폰은 나중에 사주리라. 손가락으로 아들과 함께 게임을 하는 대신 손가락으로 아들과 함께 그림을 더 그리리라. 아들을 고치려는 노력 대신 아들과 하나 되려고 노력하리라. 핸드폰을 다른 건 몰라도 아들이 자신의 시간에 대해서만큼은 양보하지 않는 사람이 되기를 바란다. 성인이 된 아들의 시간에 사사건건 관여하고 싶지는 않다. 하지만 학창 시절의 시간만큼은 소중히 여겼으면 좋겠다. 공부가 하기 싫으면 책을 읽든지, 그것도 아니라면 운동을 하든지, 그마저도 아니라면 연애를 하든지 상관하지 않겠다. 지식을 쌓고 지혜를 성장시키며 사람을 만나는 과정에 아들이 시간을 쏟기를 바란다. 하지만 게임은 아니다. 그것만큼은 절대.

"정신을 차렸을 때 주위엔 아무것도 없었다."

아들이 이 한마디를 기억했으면 좋겠다. '갬블러스 루인 Gambler's ruin'이라는 말이 있다. '가진 돈이 한정된 도박꾼은 상대적으로 무한대의 자금을 가진 하우스와 계속 도박을 하게 되면 빈털터리가 되는 순간이 올 수밖에 없다'라는 의미다. 게임 역시 마찬가지다. 게임 역시 다른 모든 것들을 포기하고 오직 게임에만 집중하게 된다. 그곳에 집중하다 보면, 빈털터리가 되는 건 오직 내 아이뿐이다.

돌아오고 싶어도 돌아올 수 없게 되는 게임 중독, 설령

끊었다 하더라도 인간관계 회복에 어려움을 겪어 또 다른 좌절을 경험하게 만드는 게임 중독…. 내 아이의 일시적 흥분과 쾌락을 위해 현재와 미래의 고통과 파멸을 불러일으키는 게임을 두고 관망만 하는 무책임한 부모가 되는 게 옳을까? 절대 그건 아니다.

자신의 몸을 쇠사슬로
의자에 묶는 마음으로

하지 말아야 할 것을 하지 않기 위한 가장 좋은 방법은, 자기 자신이 무엇을 하고 있는지 알아차리는 것이다. 알지 못하면 고칠 수 없다. 알았다면? 그것을 싫어해야 한다. 그래야 스스로 빠져나올 수 있다.

하지만 세상의 모든 중독이 그런 것처럼 혼자의 힘으로 쉽게 고칠 수 있다면 그건 중독이 아닐지도 모른다. 혼자 힘으로 고치기 힘드니 중독인 것이다. 언젠가 게임 중독을 극복하고 명문대에 입학했다는 학생의 이야기를 기사에서 본 적이 있는데 흥미로운 내용이 있었다.

A는 중학교 때부터 전교 3등 이내로 떨어져본 적 없는 최상위권 학생이었다. 공부에 자신 있었기에 게임과 공부를 병행할 수 있다고 생각했다. 어느 순간 정신을 차려 보니 하루 10시간 넘게 PC방에서 게임을 하고 있었고, 부모님이 여행을 가는 날은 게임을 할 수 있는 기회라서 기뻤다. 수업 시간에도 노트에 '맵(게임 세계 속 지도)'을 그려놓고 '어느 지역에 어떤 아이템이 자주 등장하는지' 분석했다. 고등학교 입학 후 성적이 떨어졌다. 그때였다. 게임 중독에서 벗어나려는 노력을 시작한 게. 3단계를 거쳤단다.

1단계는 자기 자신의 한계를 알아차리는 것이었다. 공

부와 게임이 병행할 수 없는 것임을 깨달은 것이다. A는 알아차리는 데서 그치지 않았다. 떨어지는 성적을 직시하고 게임과의 이별을 선언했다. 그는 말했다. 그때가 바로 자기 자신을 발견하는 순간이었다고. 자기의 성장을 막는 게임이라는 것의 실체를 알고 나서 그는 철저히 게임을 혐오하기 시작했다.

2단계는 게임 중독을 끊는 구체적인 방법을 시도했다. 대표적인 것으로 다음 사례를 들었다. A는 철물점에서 쇠사슬과 자물쇠를 사왔다. 쇠사슬로 자신을 의자에 묶어 단단히 고정한 후 자물쇠를 잠갔다. 쇠사슬로 스스로를 묶어놓은 아들을 지켜보는 부모의 마음은 어땠을까. 안타까우면서도 대견하며 또 도와주고 싶은 생각이 들었을 것이다.

3단계로 타인에게 SOS를 요청했다. SOS를 요청한 타인은 대단한 전문가나 상담사가 아니었다. 그의 동생이었다. A는 자물쇠 열쇠를 동생에게 맡기며, 일정 시간 공부하고 일어나기 전까지는 자신이 어떤 부탁을 해도 자물쇠를 열어주지 말라고 했다. 책상 앞에 앉아 문제집을 펼친 지 10분도 지나지 않아 PC로 향하는 자신을 파악한 결과다.

그렇게 그는 게임 중독을 극복했다. 게임을 하고 싶어서 PC로 향하는 자신을 붙잡기 위해 자신의 몸에 직접 쇠사슬을 채운 노력의 결과였다. 나는 이 친구의 대단함을 말하려는 게 아니다. 게임 중독에 이르게 되면 그것으로부터 탈출하기 위해 얼마나 무시무시한 노력을 해야 하는지 부모가 반드시 알아야 한다는 점을 말하고 싶은 것이다. 이어서 그의 말을 들어보자.

"게임 중독은 의지만으로는 절대 극복할 수 없어요. 혼자 이겨내기 힘들다면 주변에 도움을 요청하는 자세도 필요합니다."

코로나19가 한창인 지금도 PC방 감염 사례가 속출하는 걸 보면, 게임에 대한 열정은 끝이 없나 보다. 아이들은 '한 시간만 하고 공부해야지'라는 지극히 건전한 생각으로 게임에 접속하지만, 한 시간이 두 시간이 되고 결국 서너 시간이 훌쩍 지나가버린다. 해야 할 공부는 포기하고 밤늦게까지 게임만 하게 되는 것이다. 아이가 지금 어디에서 어떤 모습으로 있는지 당장 확인해볼 일이다.

• 출처 《동아일보》 2020년 4월 10일

아예 노트북이 낫다.

대신에…

아이가 다시 초등학교 5학년이 된다면 스마트폰만큼은 사주지 않을 것 같다. 그렇다면 학교 과제 등은 어떻게 해야 할까? 선생님과 아이들은 카카오톡, 밴드 등으로 소통하는데 말이다.

나는 노트북을 사줄 것을 권한다. 무슨 '뚱딴지' 같은 말이냐고? 스마트폰으로 게임 하는 것도 머리 아픈데 노트북을 사주면 어떻게 하느냐고? 물론 고성능 노트북은 복잡한 게임을 하기 딱 좋다. 하지만 아이에 대한 믿음이 있다면, 그리고 아이의 노트북을 주기적으로 체크할 수만 있다면 이 방법이 훨씬 낫다고 본다.

비대면 수업이 수시로 이뤄지는 요즘, 스마트폰이든 PC든 뭐 하나는 필요하다. 무작정 통제하기보다는 적절하게 활용할 방법을 모색해보자. 이왕이면 노트북으로 세상에 도움이 되면서도 자기 자신을 알릴 수 있는 일을 하게 만들면 어떨까. 예를 들어 아들이 미국 농구, 즉 NBA에 관심이 있다면 블로그를 운영하게 하는 식이다.

하루에 한 시간, 세상과 소통하면서도 자신의 관심사에 집중하도록 돕는 것이다. 글을 쓰는 연습이 되는 것은 덤이다. 물론 몇 가지 규칙은 있어야 한다. 첫째, 노트북에 암호를 걸어놓더라도 그 암호는 부모와 공유한다. 둘째, 스마트폰과 마찬가지로 자신이 일정한 시간을 통제할 수 있도록 한다. 셋째, 노트북은 거실 등 공용 공간에 둔다.

사실 나 역시 이와 비슷한 일을 시도해봤다. 지금 생각해보니 욕심이 많았다. 아들에게 이렇게 권했으니 말이다. "(한국사의 중요성이 높아진다고 하니) 역사에 대해서 포스팅을 해보면 어떨까?" "과학과 관련된 궁금증에 대해 검색을 하고 그것에 대해 너의 의견을 게시하면 어떨까?" 아이가 시작도 하기 전에 흥미를 잃어버리게 만들지 말아야 한다. 학습 블로거가 아니라 취미 관련 블로거가 되게 해야 한다는 것을 기억하자.

어쨌거나 스마트폰보다 노트북이 낫다. 게임에 중독되는 결정적인 이유는 스마트폰으로 게임에 접근하는 것이 너무 쉽다는 것에 있다. 스마트폰으로 게임에 접속하는 건, 노트북으로 게임에 접속하는 것보다 훨씬 쉽다. 그러니 부모가 스마트폰과 타협하지 않았으면 좋겠다.

영어 단어를
꼭 게임으로 외워야 할까?

많은 부모가 자신도 모르게 자녀를 게임 중독으로 안내하고 있다. 여섯 살 아들이 게임을 하는 것은 걱정하지만 숫자 공부, 영어 공부하는 건 아무렇지 않게 생각한다. 그 어린 아이에게 핸드폰이나 태블릿을 기꺼이 내어주고 유료 결제까지 해준다. 게임을 통해 아이가 숫자를 깨우치고 덧셈과 뺄셈을 하는 걸 대견하게 여긴다. 부모는 모른다. 아니 모른 체한다. '우리 아이는 게임이 아니라 공부를 하는 거라고!'

숫자 공부를 위한 게임? 알파벳 공부를 위한 게임? 아이의 게임 중독은 바로 그곳에서 시작된다. 아날로그 방식으로 공부를 가르쳐줄 수 있음에도 부모들은 '편하려고' 태블릿을 선뜻 넘긴다. 아이들은 태블릿을 통해 스마트폰을 갖고 싶어하고, 숫자 게임을 통해 수많은 게임과 친숙해질 준비를 마친다. 몇 년 지나지 않아 새벽 서너 시까지 게임을 하게 되고 만성적으로 피곤을 느껴 학교에서는 잠을 자게 될 것이다.

내 아들도 그 과정을 거쳤다. 어렸을 적에는 인터넷으로 동영상을 봤고, 유치원에 다닐 때는 내 태블릿으로 숫자를 배웠으며, 초등학교에 들어가서는 엄마 스마트폰으로 영어 단어를 찾아봤다. 그렇게 아들은 IT 기기에 그리고 게임에 접속할 준비를 마쳤다.

아이들에게 교육을 빙자한 게임 콘텐츠를 쉽게 보여줘서는 안 된다. 디지털 기기를 이용한 교육, 특히 게임이라는 틀을 이용한 숫자 공부나 알파벳 공부는 금지해야 한다. 나는 몰랐다. 아들의 마음속에 쓰레기를 채워놓고 종국에는 몸과 영혼을 고장 나게 만들고 있었다는 것을. 게임의 정체를 알았다면 절대 아들에게 태블릿과 스마트폰 그리고 공부를 빙자한 게임 등을 제공하지 않았을 것이다.

아들이 돌아왔다

첫째 아들이 중학교 2학년 때다. 학교에서 국어 시간에 부모님께 편지를 쓰라고 했나 보다. 작은 엽서에 빼곡이 적은 글을 보고 나는 비로소 아들이 게임 중독에서 벗어났음을, 길고 긴 전쟁에서 승리자가 되었음을 확인했다. 아들의 허락도 받지 않고 그 일부를 소개한다.

어머니, 아버지께
안녕하세요? 저, ○○입니다. 저를 바르고 좋은 길로 가게 해주신 것을 감사드립니다. 제가 요즈음 갑자기 짜증을 내거나 사소한 일에도 화를 내는데, 그건

제가 일부러 하고 싶어서 그런 것이 아니니까 이해 부탁드릴게요. 그리고 이제 게임도 안 하게 되었으니 스스로 공부도 잘하겠습니다. 그리고 혹시나 해서 말씀드리는데 절대로 담배, 술 등도 하지 않겠습니다. 어른이 되어서도요. 그것들은 나쁘니까요! 혹시 그런 것들을 하는 친구들과는 어느 정도 거리를 두겠습니다. 저를 낳아주시고 잘 키워주셔서 감사합니다.

자랑스러운 아들 ○○ 올림.

아들이 돌아왔다. 무교지만 하나님께 감사한다.

아이 셋 아빠 김평범

어쩔 수 없이 허락했는데,
어느새 게임 중독!

초판 1발행 | 2021년 10월 29일
초판 2발행 | 2023년 1월 27일

지은이 · 김평범
발행인 · 이종원
발행처 · (주) 도서출판 길벗
출판사 등록일 · 1990년 12월 24일
주소 · 서울시 마포구 월드컵로 10길 56(서교동)
대표전화 · 02) 332-0931 | **팩스** · 02) 322-0586
홈페이지 · www.gilbut.co.kr | **이메일** · gilbut@gilbut.co.kr

기획 및 책임편집 · 황지영(jyhwang@gilbut.co.kr) | **제작** · 이준호, 손일순, 이진혁
마케팅 · 이수미, 장봉석, 최수영
영업관리 · 김명자, 심선숙, 정경화 | **독자지원** · 윤정아, 최희창

교정교열 · 최아영 | **디자인 및 전산편집** · MALLYBOOK 최윤선, 정효진
CTP 출력 및 인쇄 · 대원문화사 | **제본** · 경문제책

ISBN 979-11-6521-739-6 03590
(길벗 도서번호 050147)

독자의 1초까지 아껴주는 정성 길벗출판사
길벗 | IT실용서, IT/일반 수험서, IT전문서, 경제실용서, 취미실용서, 건강실용서, 자녀교육서
더퀘스트 | 인문교양서, 비즈니스서
길벗이지톡 | 어학단행본, 어학수험서
길벗스쿨 | 국어학습서, 수학학습서, 유아학습서, 어학학습서, 어린이교양서, 교과서